LEGITIMAÇÃO DO
ATO DE CRIMINALIZAR

R7881   Rosa, Fábio Bittencourt da
           Legitimação do ato de criminalizar / Fábio Bittencourt da Rosa. — Porto Alegre: Livraria do Advogado, 2001.
          110p.; 14x21cm.
          ISBN 85-7348-174-9

          1. Criminologia. I. Título

                        CDU - 343.9

          Índices para o catálogo sistemático:

Criminologia

(Bibliotecária responsável: Marta Roberto, CRB-10/652)

Fábio Bittencourt da Rosa

Legitimação do ato de criminalizar

livraria
DO ADVOGADO
editora

Porto Alegre 2001

© Fábio Bittencourt da Rosa, 2001

Capa, projeto gráfico e diagramação
Livraria do Advogado Editora

Revisão
Rosane Marques Borba

Direitos desta edição reservados por
Livraria do Advogado Ltda.
Rua Riachuelo, 1338
90010-273 Porto Alegre RS
Fone/fax: 0800-51-7522
info@doadvogado.com.br
www.doadvogado.com.br

Impresso no Brasil / Printed in Brazil

Prefácio

É muito difícil prefaciar a obra e retratar o perfil de um amigo sem ser tomado pela emoção que, em momentos como esses, assume o comando de nossos sentimentos e de nossas manifestações. Contudo, considerando a extraordinária importância desta missão, que nos honra sobremaneira, destacamos a importância para a Ciência Criminal daquilo que, de certa forma, não deixa de ser o resgate de um penalista que, mercê de suas atividades institucionais, se manteve distanciado da área, por longos anos e, agora, retorna com este belíssimo ensaio: *Legitimação do ato de criminalizar*.

Fábio Bittencourt da Rosa é, como dissemos em outra oportunidade, um desses raros cultores do Direito em constante procura pelo saber, no infatigável desvendar da ciência jurídica, mas que, ao longo de sua trajetória profissional, a despeito de seu inegável veio investigativo, tem sacrificado sua invejável capacidade de produção científica em prol de Instituições Públicas. O Dr. Fábio, um dos mais festejados magistrados brasileiros, tem revelado diariamente, no exercício de sua cátedra, a vastidão de sua cultura jurídica, sempre disposto ao aperfeiçoamento pessoal, profissional e científico para distribuir jurisdição com o menor índice de equívoco possível a um mortal, tentando aproximar-se da perfeição. Essa inquietude, para alguns, mania de perfeição, acompanha Fábio Bittencourt da Rosa ao longo de sua existência e o fez percorrer por outros cargos e respectivas funções, igualmente proeminentes, como a respeitável magistratura que exerce com brilho invulgar. Assim, desempenhou as seguintes funções, todas através de concurso público: Procurador do INPS (1976 a 1983), Promotor de Justiça no Rio Grande do Sul (ano de 1983), Juiz do Trabalho Substituto da 4ª Região (1983 a 1984), ingressando, finalmente, na magistratura federal no ano de 1984 e, após jurisdicionar no primeiro grau, foi promovido ao Tribunal Regional Federal da 4ª Região em março de 1989, do qual, na atualidade, é o seu Presidente.

No Tribunal, antes de assumir a Presidência, Fábio desempenhou, com igual dedicação, as seguintes funções: Diretor da Revista do Tribunal, Presidente da 1ª e da 3ª Turmas, membro do Conselho de Administração, Presidente da Comissão de Jurisprudência, Presidente da Comissão Examinadora dos V, VI, VII e VIII Concursos para provimento de cargos de Juiz Federal Substituto da 4ª Região e, finalmente, exerceu as funções de Corregedor-Geral da Justiça Federal de 1ª Instância do mesmo Tribunal, de dezembro de 1994 a junho de 1999.

E ainda recebeu, merecidamente, o cobiçadíssimo e raro título de Doutor *Honoris Causa* da Universidade Regional da Campanha de Bagé-RS. Por todas essas honrarias, é uma distinção muito gratificante ser convidado a apresentar este ensaio de um dos mais admiráveis magistrados brasileiros.

De todos os elogios que se poderiam fazer a este trabalho, talvez, o mais significativo, decorra da preocupação externada com a necessidade de preservar os princípios garantistas que foram consagrados a partir do iluminismo, especialmente os da *ultima ratio*, da *fragmentariedade* e o da *dignidade humana*, embora este último tenha sido abordado de forma implícita.

Na realidade, nunca é demais destacar que o reconhecimento desses princípios, como tivemos oportunidade de afirmar, "têm a função de orientar ao legislador ordinário para a adoção de um sistema de controle penal voltado para os direitos humanos, embasado em um Direito Penal da culpabilidade, um Direito mínimo e garantista". É inconcebível que a solução das dificuldades presentes seja buscada, como pretendem os governantes contemporâneos, através da reprodução de formas neo-absolutistas do poder público, carentes de limites e de controles e governadas por fortes e ocultos interesses, dentro de nossos ordenamentos.

Não importa o rótulo que se dê para qualquer política de combate à criminalidade ou para garantia da ordem pública, enfim, sempre que se atingirem o direito de liberdade do cidadão, o princípio cunhado por Feuerbach de *nullum crimen nulla poena sine lege* deve estabelecer o marco fundamental. Igualmente, a *política de criminalização* somente se justifica como *ultima ratio*, isto é, quando os demais ramos do direito revelarem-se incapazes de dar a tutela devida a bens relevantes na vida do cidadão e da própria coletividade. Embora a resposta estatal ao *fenômeno criminal* deva ocorrer nos limites e por meio do Direito Penal, que é o mais seguro, democrático e garantista instrumento de controle social formalizado, a reação ao delito não deve ser exclusividade do direito penal, que somente deve ser utilizado, já o afirmamos, em última instância. E, por derradeiro, a culpabilidade, que é a pedra de toque do Direito Penal, deve ser vista não como uma categoria abstrata ou a-histórica, à margem ou contrária às finalidades preventivas da sanção penal, mas como a culminação de todo um processo de elaboração conceitual, destinado a explicar porque e para que, em um determinado momento histórico, o Estado recorre a um meio defensivo da sociedade tão grave como a pena criminal.

Por tudo isso, pela preocupação externada com o futuro da ciência penal, queremos cumprimentar, neste momento, a este extraordinário pensador, Dr. Fábio Bittencourt da Rosa, digno e culto Presidente do Tribunal Regional Federal da 4ª Região, que, em grande estilo, retoma suas preocupações com o Direito Penal e oferece, de plano, suas primeiras reflexões sobre um tema assaz preocupante e que está na ordem do dia numa relação paradoxal entre aumento da criminalidade *versus* garantismo penal, que deve encontrar uma solução equilibrada e eficaz, sem retornar ao obscurantismo torturante da Idade Média. Confessamos, por fim, que o talento do Dr. Fábio não nos surpreendeu, posto que sempre se destacou como um pesquisador maiúsculo, revelando diariamente a vastidão de sua cultura jurídica, especialmente no exercício da Judicatura, onde, como um verdadeiro baluarte da Justiça Federal, está sempre disposto ao aperfeiçoamento pessoal, profissional e científico. Não deixou de enfrentar, também, o sempre atual e tormentoso problema da responsabilidade penal da pessoa jurídica e o crime organizado, apresentando a sua reflexão e apontando algumas diretrizes, não sem antes fazer um retrospecto pelos diversos estágios da civilização sobre a motivação e legitimação para punir, desde a Antiguidade, passando pela civilização romana, pelo direito consuetudinário, pelo período humanista, chegando aos nossos dias.

Por todos esses atributos, é extremamente honroso prefaciar este ensaio que, certamente, pela sua importância e atualidade, será retomado e aprofundado com o brilho que sempre caracterizou nosso prefaciado.

Porto Alegre, verão do ano 2001.

Cezar Roberto Bitencourt

Sumário

1. Introdução 11
   1.1. Intervenção mínima 11
   1.2. A pressão social e o crime 14
   1.3. O drama dos limites reguladores em matéria penal ... 18

2. A antiguidade 23
   2.1. Influência religiosa 23
   2.2. A lei mosaica 25
   2.3. Código de Hamurabi 26
   2.4. Código de Manu 27
   2.5. Lei das XII Tábuas 28
   2.6. Conclusão 30

3. A civilização romana 33
   3.1. A formação do Direito 33
   3.2. A evolução do sistema punitivo romano 36
   3.3. Conclusão 38

4. Período do direito consuetudinário 41
   4.1. Introdução 41
   4.2. A inquisição. Quadro histórico 46
   4.3. A justiça na inquisição 47
   4.4. O processo na inquisição 50

5. O período humanista 55
   5.1. O renascimento 55
   5.1.1. Introdução 55
   5.1.2. O reestudo do Direito Romano 57
   5.2. O iluminismo 63

6. O Direito Penal moderno 71
   6.1. Introdução 71
   6.2. As organizações criminosas 75
   6.3. O crime econômico 81
   6.4. Conclusão 83

7. Conclusão 101

Bibliografia 107

1
Introdução

1.1. Intervenção mínima

O direito penal é uma trágica reação do estado às manifestações de desajustes sociais revelados pela criminalidade.

A história das penas bem demonstra que a imposição da dor pela ordem social sempre se concretizou formalmente.

Uma coisa é reagir à atitude criminosa em defesa pessoal, com a vivência emocional da mesma. Outra coisa é praticar essa defesa dentro de estruturas formais, depois de acabado o processo investigatório, executando-se a pena através de terceiras pessoas, em nome da tutela do equilíbrio da sociedade.

A calculada frieza da conduta estatal na aplicação da pena é que dá o conteúdo aparentemente trágico à situação.

Quer sob o enfoque da retribuição, quer sob o ponto de vista da prevenção, a relação penal entre indivíduo e comunidade sempre esteve marcada pela tragédia da imposição da morte, das mutilações, da infâmia, do empobrecimento, da supressão da liberdade, etc.

Esse elemento de tensão dá a nota ao sistema normativo penal, que vive submergido no mais baixo nível da escala de valores morais, entre o medo e a dor causados pelo criminoso, e o medo e a dor retribuídos pela sociedade ao impor a sanção.

Não há, porém, como fugir dessa realidade dado o sentido pragmático da norma penal, que se perenizou como manifestação mais significativa de poder.

Em verdade, o direito penal constitui uma das maiores manifestações de poder de estado, porque para a defesa de valores éticos interfere, de forma direta e grave, na vida das pessoas. Não raro serviu ele de sustentação de poder, traduzindo a vontade do poder dominante com prejuízo dos valores substancialmente acreditados pela comunidade.

A reação excepcional do sistema, que se justifica pela ação excepcional do delito, coerentemente tem que ter um caráter complementar, o que se costumou significar pela expressão *ultima ratio*.

Na expressão de Sebastian Soler, *"la prohibición penal es la culminación y no el comienzo de la ilicitud"*.[1]

A sensibilidade política do criador da regra penal impõe que traduza por meio dela a disciplina desejada pelo destinatário, que é a sociedade. Ainda o festejado penalista argentino S. Soler alertava: "em geral parece-me que entre a ética e o direito há sempre uma comunicação muito estreita e que o direito que se afasta fundamentalmente, por seu conteúdo, da ética vigente, é um direito perdido".[2]

---

[1] SOLER, Sebastian. *Derecho Penal Argentino*. Buenos Aires: La Ley, 1945, v. 1, p. 47.

[2] SOLER, Sebastian. *Conceito e Objeto do Direito Penal*. Revista de Direito Penal da Faculdade de Direito Cândido Mendes, Rio de Janeiro: Borsoi, n. 4, p. 32, out-dez. 1991.

A dissonância entre a lei penal e o fato social engendra um ordenamento incongruente, indiciário instrumento de um poder absoluto.

O critério de utilidade da norma é incontestável. Segundo Claus Roxin:

"a teoria dos fins da pena de Liszt, tal como atrás se esboçou através de algumas frases programáticas do seu tratado, tem uma característica muito particular, que radica nos elementos 'necessidade' e 'idoneidade'. Não se pode castigar - por falta de *necessidade* - quando outras medidas de política social, ou mesmo as próprias prestações voluntárias do delinquente garantam uma proteção suficiente dos bens jurídicos e, inclusivamente, ainda que não disponham de meios mais suaves, há que renunciar - por falta de idoneidade - à pena quando ela seja política e criminalmente inoperante, ou mesmo nociva. Estes postulados correspondem aos princípios de subsidiariedade e efetividade da pena estatal...[3]

Portanto, o princípio da intervenção mínima radica em todos esses postulados. Não se compreende a insólita imposição de pena pelo estado a não ser que seja *necessária*, sob o ponto de vista da conduta desejada e esperada pelo meio social. Por exemplo, em toda a história sempre desejou-se e esperou-se o respeito à vida, havendo necessidade de punir-se o homicida que deixa de atender a esse ditame da comunidade.

As normas penais têm de revestir um valor significativo para o homem, nisso residindo a efetividade de um texto penal, como lembra Raul Cervini.[4] Nessa mesma linha de raciocínio, W. Hassemer: "cuanto más difícil sea conciliar legítimamente una amenaza penal con un

---

[3] ROXIN, Claus. *Problemas Fundamentais de Direito Penal*. Lisboa: Vega, 1986, p. 57-58.

[4] CERVINI, Raul. *A Cifra Negra da Criminalidade Oculta*. Revista dos Tribunais, n. 678, São Paulo, p. 292, abr. 1992.

interés humano, tanto más cuidadoso se debe ser con relación a si se debe amenazar penalmente y cómo."[5]

1.2. A pressão social e o crime

As sociedades se expressam, valorativamente, em cada momento histórico, formando um aporte de exigência de comportamentos. Em realidade, pressionam os indivíduos a determinada forma de vida para atingir os fins a que se propõem.

Manoel Pedro Pimentel assevera que:

"a pressão exercida pela sociedade é igual, desde que consideremos sua dinâmica, sobre todos os indivíduos de uma mesma classe. Essa atuação, entretanto, gera fatores que estimularão reações diversas, fazendo com que, outros fatores individuais, condicionantes, propiciem o comportamento criminoso."[6]

Se o homem é o resultado de suas circunstâncias, na acepção de Ortega y Gasset, a circunstância vivenciada pelo criminoso constitui o rompimento da pressão exercida pela comunidade.

A qualificação do ato delituoso é efetuada a partir de uma visão ética mínima. Já se disse que se o direito é a realização do mínimo ético; o direito penal é a realização do mínimo do mínimo ético.

Inviável a continuidade da vida de relação sem o respeito a determinados valores acreditados. O interes-

---

[5] HENDLER, Edmundo S. *Una Aproximación al Tema de los Delitos Economicos*. Revista Brasileira de Ciências Criminais, n. 13, São Paulo, p. 33, jan-mar 1996.

[6] PIMENTEL, Manoel Pedro. *A Sociedade Criminógena*. Revista de Direito Penal do Instituto de Ciências Penais do Rio de Janeiro, Rio de Janeiro: Forense, n. 31, p. 87, jun. 1981.

sante é observar-se como tais valores defluíram das culturas em locais e períodos históricos diversos.

O certo, porém, é que o juízo de desvalor recai tanto sobre o sujeito como sobre o fato criminoso. Quanto a esse aspecto, esclarece Francisco Muñoz Conde:

"mediante uma análise minuciosa do Direito Penal positivo, a ciência do Direito Penal chegou à conclusão de que o conceito de delito, suas características comuns correspondem a uma dupla perspectiva que, simplificando um pouco, se apresenta como um juízo de desvalor que recai sobre um fato ou ato humano e como um juízo de desvalor que se faz sobre o autor desse fato. Ao primeiro juízo de desvalor se chama injusto ou antijuridicidade, ao segundo culpabilidade. *Injusto ou antijuridicidade* é, pois, a desaprovação do ato; *culpabilidade*, a atribuição de tal ato ao seu autor (cfr. Maurach, I, p. 167)."[7]

Atento a tais cânones, indispensável ao legislador ir extraindo da massa de valores, sob um enfoque político, a matéria do direito penal. A justa medida da normatividade estabelecerá o nível de grandeza, o grau de utilidade do sistema normativo. O direito penal insuficiente gera a impunidade pela omissão. O direito penal exagerado revela uma presença indesejada do estado, criando a desordem pela insegurança, numa imagem draconiana, intervindo onde não deve.

A tutela penal tem que estar limitada ao número de valores mínimos cuja atenção é imposta pela cultura de um povo. Daí o erro de se importar soluções normativas que não se identificam com o destinatário da regra penal, ou de se procurar impor valores assimilados pelo governante e que não correspondem àquilo que constitui a expressão da vontade popular.

---

[7] CONDE, Francisco Muñoz. *Teoria Geral do Delito*. Porto Alegre: Sergio Antonio Fabris, 1988, p. 3.

O aristocrata austríaco Franz von Liszt renovou a ciência penal, introduzindo os conceitos da política criminal, ao publicar sua obra *Programa de Marburg - A idéia do fim no direito penal*. Alertava que a submissão do indivíduo à sociedade supõe um pré-condicionamento pelo estado, traçando limites a sua atuação, sendo o direito penal mais um sistema de proteção do criminoso do que a tutela da coletividade ou da ordem jurídica. Afirmava: *"há anos defino o direito penal como poder de punir do Estado limitado pela lei. Agora posso também afirmar que direito penal é a barreira impassável da política criminal."*[8]

A barreira referida pelo jurista austríaco era estabelecida na referência ao *bem jurídico* objeto da proteção pela norma penal como conceito limite.

Juan Bustos Ramirez cita Liszt:

"porém, a designação do conceito bem jurídico, como conceito limite quer denotar, todavia, mais. Deve acentuar, fortemente, a conexão interna da ciência jurídica com a política, a necessidade de constante fomento e fecundação recíproca; deve resguardar-se contra um tratamento puramente formalístico do direito, isto é, exclusivamente lógico-jurídico."[9]

A lógica na visão do criador da regra penal deve centrar-se na percepção exata dos bens a serem protegidos, ou seja, aqueles que merecem a tutela do estado através do poder sancionatório imposto.

Essa passa a constituir a especificação do âmbito de intervenção do direito penal. A política criminal inspira

---

[8] ASHTON, Peter Walter. *Principais Teorias de Direito Penal, seus Proponentes e seu Desenvolvimento da Alemanha*. Revista dos Tribunais, n. 42, São Paulo, p. 449-450, ago.1997.

[9] RAMIREZ, Juan Bustos. *Política Criminal e Injusto*. Revista de Direito Penal da Faculdade de Direito Cândido Mendes, Rio de Janeiro: Forense, n. 30, p. 38, jul-dez. 1980.

o sentido tutelar da norma penal, com eleição dos bens jurídicos objeto de proteção.

No panorama da vida em sociedade se faz a escolha das condutas que comporão o rol das proibições por meio da regra de conteúdo sancionador. Mas essa missão do legislador, como já se disse, há de ser temperada com sensibilidade política a fim de apreender a verdadeira necessidade de regulação.

Defendeu Gilberto de Macedo, em tese apresentada em Recife, no ano de 1970:

> "de tudo isso evidencia-se que a luta contra a criminalidade deve fundamentar-se numa Política Criminal que ocorra inspirada numa Antropologia Política, a saber, na consideração do comportamento criminoso como expressão de uma personalidade condicionada sócio-culturalmente; mais do que isso, expressão do homem em sua unidade biológica e social, predominantemente social.
> Donde essa estratégia de política criminal para ter êxito, deve levar na devida conta, não somente a constituição bio-psicológica do delinqüente, mas sobretudo a situação que o mesmo, como homem, ocupa na estrutura social; a classe, o *status*, o papel que aí desempenha.... Considerar ao mesmo tempo os valores da sociedade, os objetivos que ela propõe, o êxito que oferece, o poder que enaltece. Cogitar ainda das formas de *socialização* que ensina, de *padrão de culturação* que transmite. É assim como se pode realizar a defesa social sem ofender os direitos humanos."[10]

---

[10] MACEDO, Gilberto de. *Crime, Sociedade, Cultura*. Revista de Direito Penal da Faculdade de Cândido Mendes, Rio de Janeiro: Borsoi, n. 6, p.104, abr-jun. 1972.

1.3. O drama dos limites reguladores em matéria penal

As colocações anteriores foram necessárias para se dimensionar o drama vivido pelo intérprete da norma penal e, em especial, pelo agente criador da mesma.

Quando é possível criminalizar? Que tratamento científico tem sido dado para solucionar esse problema?

Referiu-se que a falta ou o excesso de intervenção penal são males regulatórios, que colaboram para desorganizar o estado, quebrar a harmonia das relações interpessoais.

Então, onde estaria o *medius virtus*, para utilizar-se a linguagem horaciana?

Hoje, mais do que nunca, o tema apresenta relevo porque alguns fenômenos tendem a uma criminalização crescente.

Nos Estados Unidos da América, em especial nas grandes cidades, como Nova Iorque, impera o princípio da *lei e ordem*, em que o forte esquema policial tenta refrear uma potencial agressividade.

O caso dos Estados Unidos da América é bastante peculiar, merecendo um estudo que, todavia, é estranho e não cabe nesta oportunidade. Alegadamente o berço da liberdade, aquele país é o exemplo maior no mundo de estado policial. Em metrópoles como Nova Iorque, Miami, Los Angeles, São Francisco, Chicago, Atlanta, Washington, observa-se uma violência latente, contida, quase um barril de pólvora sempre pronto para explodir. Um policiamento ostensivo, de práticas violentas, tenta conter a agressividade da classe excluída do povo americano que habita tais cidades, especialmente negros, latinos e outros estrangeiros.

A economia que mais cresce engendra uma situação social de insatisfação e revolta que não encontra similar em nenhum outro lugar. A democracia parece constituir um privilégio de classe, porque não exerce liberdade a parcela do povo que é constante e insistentemente vigiada, dia e noite, e violentada em seus direitos por simples suspeitas, as mais das vezes por meio de violência física.

O pragmatismo saxão, que está na raiz da civilização americana, contamina sua ordem jurídica e se reflete no sistema criminal altamente repressivo.

Tudo isso leva ao sistema da *law and ordre*, como via adequada e útil para refrear os impulsos agressivos de significativa parte da população.

O estado policial, caricaturizado pela democracia, de certa maneira é pior do que as ditaduras, porque sobrevive através do discurso mistificado, solidifica suas bases com maior poder fortalecido pelas falsas teorias de liberdade. Impõe o engodo político, desvirtua o conceito de liberdade, pereniza a intervenção do poder público na intimidade dos cidadãos. E, sobretudo, despreza os princípios da solidariedade.

Todavia, não só o sistema da *lei e ordem* propicia um corpo penal que supera os limites aconselháveis.

Nos países de terceiro mundo, como o Brasil, avança o neo-liberalismo com sua doutrina de redução do estado. Isso repercute na fragilização dos meios de vigilância e proteção dos administrados, em sentido amplo. Diminui-se o número de funcionários públicos, contém-se sua remuneração com a desqualificação do quadro, falta verba para investir em tecnologia, especialmente em informática. O dinheiro público destina-se ao financiamento de atividades privadas, salvando bancos falidos, subsidiando importações, etc.

Tudo isso causa uma ausência de estado as mais das vezes cobrada pelos meios de comunicação, que se arrogam a condição de veículo da vontade popular, quando, em verdade, estão umbilicalmente ligados ao poder econômico dominante, dele dependendo ou fazendo parte diretamente.

Essa omissão acaba por ser suprida pela norma penal, o que mais se evidencia em matéria tributária.

Como não há meios para uma boa fiscalização da situação dos contribuintes, ameaça-se essa categoria com sanções penais. Espera-se que a intimidação supra a falta de fiscalização. O pagamento do tributo é feito não pela consciência do dever de colaborar para a nação, não pelo temor de ser descoberta a evasão pelo sistema, porém pelo medo de responder a uma ação penal, com todas suas conseqüências nefastas.

Tais fenômenos, *lei e ordem* e sistema estatal ausente, são apenas algumas formas de criminalização desvirtuada, que justificam a preocupação científica de indagar-se sobre o real conteúdo material da norma penal a fim de elaborar-se um ordenamento adequado e justo.

O estado não pode arrogar-se a faculdade de editar regras criminalizantes conforme sua vontade, ou de acordo com os anseios político-administrativos de um governo. Tem que se submeter a princípios retores de tal trabalho legislativo. Do contrário, estará criando leis eventualmente viciadas pela afronta à constituição do país, sob o ângulo interpretativo dos princípios da razoabilidade ou da proporcionalidade.

Anteriormente, citamos Gilberto de Macedo, para quem a defesa social não pode prescindir do respeito aos direitos humanos. E assim deve ser sob pena de o direito penal erigir-se como meio de sustentação de um poder, descumprindo sua finalidade regulatória complementar.

O presente trabalho visa a colaborar para uma visão da fronteira exigível de um sistema normativo criminal.

Uma análise, ainda que perfunctória, às vezes, dos variados momentos históricos, tentará descobrir como viviam os povos, sua cultura, seus valores, e a reação correspondente do sistema repressivo.

A análise da experiência histórica do direito penal poderá, quem sabe, inspirar uma teoria da criminalização em bases científicas.

A tentativa, no mínimo, estará contaminada pela intenção de resguardar a liberdade daqueles que sofrem pelas penas injustas, fruto de uma ordem jurídico-penal distorcida.

Se o direito penal deve ser mínimo, impõe-se que se dimensione com exatidão o que deve considerar-se por *mínimo*.

2
Antiguidade

2.1. Influência religiosa

A religiosidade dominou o espírito especulativo da antiguidade.

Todo sistema regulatório se organiza sobre uma base de poder.

As primeiras experiências humanas centralizaram tal poder na divindade. Em nome dela se justificava a ordem normativa.

O direito tem um caráter pragmático. Quando as comunidades emergentes substituíram a experiência do primitivo, surgiu a necessidade de um equilíbrio nas relações sociais a fim de se perseguir um objetivo comum. Buscou-se, então, aprimorar a noção de justiça. Os profetas e os reis, tocados pela inspiração divina, traçavam as regras que, por necessidade de segurança, passaram a ser escritas.

A finalidade da regra de convivência estava resumida à salvação da alma pelo acatamento do preceito religioso. Os deuses representavam a idéia de harmonia e perfeição que dá unidade às comunidades, desenvolvendo as potencialidades de cada indivíduo. A idéia do grupo se sobrepunha à do indivíduo.

O mal estava na quebra da regra. O desajustamento era visto como abandono da divindade. Desacatar a lei do soberano representava afrontar ao deus que lhe delegou o poder de decidir pelo bem dos povos.

Obviamente, essa fase estava contaminada por um maniqueísmo acentuado. Ou se estava a favor ou contra o detentor do poder.

Nesse contexto histórico, o sistema normativo centrava-se menos na racionalidade do que em idéias mágicas. O sobrenatural opunha-se ao racional. O fenômeno causal era explicado com primitivismo, à base da superstição. A imputação estava resumida ao resultado, sem indagar-se sobre a consciência daquele que afrontava o tabu, daquele que causava a desgraça à comunidade e que, por isso, deveria expiar o seu erro.

É difícil para o homem moderno, impregnado de sua cultura institucional, compreender como reagiam os valores da época antiga.

O certo é que as sociedades que ensaiavam a vida comunitária sofriam a ausência de parâmetros regulatórios, como hoje conhecemos, fruto de uma vasta experiência histórica.

O empirismo dominava a cena do mundo antigo, quando o conhecimento científico inexistia, e todo um sistema utilitário haveria de construir-se sobre um sentimento de justiça.

Óbvio, então, o socorro à religiosidade que explica e justifica a fenomenologia por meio de implicações sobrenaturais.

Portanto, o que marca o sistema punitivo da antiguidade é uma complexidade de conceitos, numa ordem rudimentar, desprovida de unidade, num empirismo invencível.

As dificuldades de sobrevivência nas condições primitivas causavam uma explosão de decisões regulamentares. E disso só poderia decorrer uma solução aparentemente assistemática, pinçando-se noções de eqüidade num caos que passava a perceber uma superação.

2.2 A Lei Mosaica

Por demais conhecida a saga do povo liderado pelo profeta Moisés.

Partindo, desde o vale do Nilo, em busca da terra prometida, uma comunidade inteira identificava-se pela dor das dificuldades enfrentadas.

O grau de resistência humana à regra de proibição é variável segundo as circunstâncias da vida. Exatamente por isso inclui-se no conceito de culpa o conteúdo da exigibilidade da conduta.

Numa sociedade abastada, harmônica, com fácil acesso aos bens de consumo em geral, não há problemas para impor as regras proibitivas. O contrário é verdadeiro.

Logo, sem um regramento rigoroso, jamais Moisés teria guiado seu povo. E foi isso que aconteceu, com uma legislação que assimilava as soluções do talião.

O *Pentateuco* é de autoria duvidosa, atribuindo alguns autores dita obra ao próprio Moisés. Divide-se em cinco livros: Gênese, Êxodo, Números, Levítico e Deuteronômio. Este último mais propriamente o corpo normativo daquela sociedade. Séculos após, surgiu o Talmude, que amenizou o rigorismo da legislação mosaica.

Destacam-se as punições contra a vida (homicídio), família (adultério), patrimônio (furto), proteção à justiça (falso testemunho). Reprime-se, também, o charlatanismo.

Quanto às penas, refere Jayme de Altavila:

"O talião foi tauxiado em todas as legislações daquele passado remotíssimo, em que a humanidade ainda retinha certos impulsos herdados da caverna.

Moisés precisava reprimir os instintos primitivos de sua gente, na preservação de seu estado, cercado que estava de inimigos externos. Mas, como tivemos ensejo de explicar, o talião não se aplicava a todos os casos delituosos. A legítima defesa e o homicídio involuntário eram reconhecidos no seu direito, onde a pena não passava da pessoa do criminoso."[11]

Também de observar a incriminação da usura e a proteção do domicílio.

2.3. Código de Hamurabi

Quem visita o museu do Louvre, em Paris, tem oportunidade de conhecer uma pedra de dois metros e vinte e cinco centímetros de altura, onde inscrições expressam, em 3.600 linhas, o regramento que se denominou o Código de Hamurabi, soberano da Babilônia. Um bloco de diorita mandado esculpir para o templo de Sippar.

O reinado de Hamurabi ocorreu aproximadamente 2.250 anos antes da era cristã.

Interessante observar que esse diploma legal foi o primeiro a ter escassa influência religiosa, com acentuado conteúdo publicístico, já que estabeleceu um sistema protetivo do poder real.[12]

Também a defesa da vida, da propriedade, da boa distribuição da justiça (prevaricação de juízes e falso testemunho), da honra, da família (adultério) e da liberdade sexual (estupro). Faz-se a distinção entre homicí-

---

[11] ALTAVILA, Jayme de. *Origem dos Direitos dos Povos*. São Paulo: Ícone, 1997, p. 30.

[12] SOLER, Sebastian. *Derecho Penal Argentino*. Buenos Aires: La Ley, 1945, p. 57.

dio voluntário e involuntário para efeito de sanção, inclusive prevendo-se atenuação para o caso de arrebatamento no instante da prática do ilícito.
Largamente aplicada a pena do talião.

2.4. Código de Manu

Os textos sagrados da civilização da Índia remontam a 1500 a 600 a.c. representados pelos *Srutis* e pelos *Sastras*.[13]

A civilização hindu, com suas características místicas, engendrou um diploma legislativo abundante e detalhista.

Caracterizou-se por marcar a distinção das castas, ficando os pobres e remediados sob o jugo da legislação severa. Ameaçava-se o infrator com uma via *post mortem* na condição de animais como porcos e serpentes.

O Código de Manu constitui um dos livros bramânicos.[14]

Também aqui a ênfase à tutela da vida (homicídio), do patrimônio (furto), da justiça (falso testemunho), da família (adultério).

---

[13] DAVID, René. *Os Grandes Sistemas do Direito Contemporâneo*. São Paulo: Meridiano, 1972, p. 533.

[14] ALTAVILA, Jayme de. Op. cit., p. 62.
"Quando os árias invadiram a Índia, transportaram consigo princípios monoteístas; porém esse período védico foi superado pelo período bramânico que destruiu a epopéia cosmogônica dos arianos e evolucionou pela legislação religiosa da casta invencível dos sacerdotes. O Código de Manu (Manu foi o Adão do paraíso indiano) faz parte da coleção dos livros bramânicos, enfeixado em quatro compêndios: - o Maabárata, o Romaiana, os Purunas e as Leis de Manu. É natural que, instituindo a vida estatal, o culto, as relações civis e criminais, - tenham os brâmanes consagrado uma preponderância absoluta sobre a vida nacional, através de leis que não admitiam comentários."

Interessantes as referências feitas por Luis Jimenez de Asua:

"La legislación de la India antigua se halla contenida en el *Código o Libro de Manú* (*Manava-Dharma-Sastra*), cuya fecha es muy controvertida: para unos, se remonta a los siglos XIII al XII a. de J. C.; para otros, es del siglo XI a. de J. C., y no falta quien opine que se escribió en el siglo V a. de J. C. El Código de Manú es en materia penal el más perfecto que nos ha legado el Antiguo Oriente. El derecho de castigar emanaba de Brahma y el Rey era su delegado (I, 58; II, 7, 8). La idea de la penalidad era muy elevada en este Código; el reo que hubiera cumplido la pena subía al cielo tan limpio de culpa como el que hubiese ejecutado una buena acción (VIII, 318)". Em seguida: "En este Código se desconocía completamente el talión."[15]

2.5. Lei das XII Tábuas

A genealidade grega fez com que o poder político se liberasse das bases teocráticas e, em especial, aprofundou a autoconsciência do indivíduo a respeito de seu valor pessoal.[16]

Sólon caracterizou-se pela administração eficaz da nação helênica, compondo um ordenamento normativo singular. Atente-se, no entanto, para que o sistema jurídico grego não é exemplar.[17]

---

[15] ASUA, Luis Jimenez de. *Tratado de Derecho Penal*. Buenos Aires: Losada, 1964, tomo I, p. 270-271.

[16] SOLER, Sebastian. Op. cit., p. 59.

[17] SOLER, Sebastian. Op. cit., p. 277:
"Cuanto se diga sobre el significado de las normas jurídicas de la antigua Grecia, es por demás dudoso, según se ha advertido. Tiene razón Brugi cuando escribe: 'Lo que nosotros llamamos Derecho griego, es - confesémoslo - una masa incoherente de pensamientos filosóficos, de interpretaciones

O povo romano, sufocado pelo despotismo dos reis, clamava por modificações, que vieram inspiradas na cultura grega.[18]

Três patrícios romanos foram enviados à Grécia, pelo ano 300 a. C., para examinar e buscar subsídios nos preceitos legais da reforma soloniana. Em um ano apresentaram um corpo de normas que continha a organização criminal e civil, festejada na aprovação dos comícios realizados para tal fim.[19]

A Lei das XII Tábuas constitui um marco histórico significativo na evolução do direito. Por primeira vez, o direito emergia do reclamo popular e, embora um código rigoroso e severo, caracterizado pelas dureza das penas, como o talião, não mais resultava da inspiração dos deuses, mas das presumidas necessidades da população. Inaugurava-se um período laicizista na elaboração legislativa.[20]

De algum modo, os textos romanos que se seguiram encontram seu germe na Lei das XII Tábuas.

A tábua VIII trata *De delictis*. Especializam-se os crimes contra o patrimônio, usura, falso testemunho, além do homicídio e do parricídio.

---

oratorias de valor jurídico bastante dudoso, de normas más o menos verdaderas de leyes; pero la coordinación jurídica falta totalmente'. "

[18] ALTAVILA, Jayme de. Op cit., p. 84.

"Fellipo de Rossi, no Ritrato di Roma Antica, - autorizada edição de 1645 - refere-se às 'Tavole di bronzo' e Oliveira Martins, entre outros, assim corrobora a nobre fatura, das tábuas da lei: - 'As dez tábuas de bronze com as leis escritas foram afixadas no Foro, junto aos rostos (das antigas galés tomadas a Âncio) em face da cúria do Senado; e todo o povo estava alegre por já saber em que lei vivia'."

[19] Idem, p. 83/84.

[20] Idem, p. 117.

"Concluímos que a Lei das XII Tábuas outorgou ao mundo um aspecto legal que somente foi igualado pela Declaração dos Direitos do Homem e do Cidadão, da Revolução Francesa: - Não foi impingida pelos deuses, nem pelos soberanos, nem pelos jurisconsultos. Foi ela a mais legítima das leis, porque resultou do sacrifício, da luta, do clamor do povo romano reduzido ao pauperismo pela realeza e pelo patriciado."

2.6. Conclusão

Como se vê, séculos antes da era de Cristo as soluções normativas apresentavam um direito assistemático que, de qualquer modo, serviam como consolidação de poder. Tal poder, conforme se observou, era centralizado numa idéia divina, justificando-se uma ordem destinada a manter a coesão do grupo.

Hoje, difícil é posicionar-se politicamente naquele tempo e espaço. Porém, a segurança estava fincada num regramento explícito originado da vontade dos deuses.

Assim como, modernamente, a nação encontra-se assegurada por um sistema político alicerçado na democracia e nos direitos e garantias fundamentais, antigamente tal segurança estava manifestada pela crença de que, em torno da obediência à vontade divina traduzida pelo soberano, se garantiria a paz e, em especial, a salvação do espírito.

O que se impõe ressaltar é que as condutas consideradas proibidas se assemelham nos diplomas acima referidos: proteção à vida, ao patrimônio, à honra, à família, à regular administração da justiça.

A tutela desses bens caracterizava preocupação central de um poder determinado a manter um clima harmônico numa comunidade contaminada pelos mitos, sem acesso ao espírito científico, contabilizando as situações às forças sobrenaturais.

Se o indivíduo tivesse garantida sua vida, sua honra, seu patrimônio, sua família e, além disso, lhe fosse assegurado um sistema regular de julgamento dos litígios, entre outras coisas, poderia desenvolver-se num mundo em que as expectativas eram totalmente diversas das atuais.

A regra penal constituía uma conseqüência dessa necessidade existencial.

E assim foi evoluindo a sociedade em busca da superação do domínio do homem pela idéia de um deus, embora por muitos anos, mais adiante, voltasse a religião a influenciar diretamente a cultura e, por isso mesmo, as instituições jurídicas.

3
A Civilização Romana

3.1. A formação do Direito

O grau de cultura e de civilização de um povo dão a medida exata de sua capacidade de se desenvolver.

A ordem derivada do acatamento às ordens do poder, com um claro objetivo a realizar, estabelece um clima propício ao progresso em todas as áreas.

O desrespeito ao ordenamento gera a insegurança dentro das comunidades: o medo da violência, a desconfiança nos negócios, o abandono da solidariedade, etc. Sofre com isso a população que mantém exagerado nível de ansiedade retratável em instituições sociopolíticas fragilizadas.

Um povo com cultura incipiente é um povo fraco, tem sua casa desarrumada, onde proliferam os parasitas e os germes nocivos. Um corpo desvitalizado incapaz de conquistas.

Ora, o romano manteve, desde cedo, uma comunidade que se originou da luta, uma nação construída com o sofrimento, desenvolvendo um espírito prático decisivo na sua capacidade de conquistador.

Povo ordeiro, consciente da necessidade do respeito às regras, com clara noção de seus anseios expansionistas, teve uma exemplar evolução.

Hoje, analisando a história do império romano, pode-se concluir que Roma não conquistou boa parte do mundo da época apenas com as armas, mas também com suas leis.

A formação do *cives* foi decisiva na construção de uma civilização fundada no direito e que acabou por estender sua influência, diretamente, por muitos séculos adiante. Até hoje os sistemas romano-germânicos de direito sorvem das pesquisas dos jurisconsultos e legisladores latinos.

A organização da vida urbana e rural teve sua regulação consubstanciada no *jus civile*, que se constituiu na maior obra jurídica do povo romano. As relações interpessoais eram disciplinadas com um direito material objetivo e pragmático. Ao lado dessa normatização, desenvolveu-se um direito processual garantidor de uma adequada solução da lide. A função apaziguadora do estado era cumprida.

Entretanto, a ordem estabelecida tinha por destinatária a relação entre os *cives* e, mais adiante, incluído o estrangeiro. Tratava-se de regular a vida de relação com vistas à ordem da *urbis*, que sofria inchaço cada vez maior, em especial quando da decadência rural.

O poder civil criador da regra, acreditado pela nação, plasmava seus traços regulando a vida dos subordinados. Nesse sentido, a evolução se deu pela superação da idéia religiosa de poder. E, como se verá, estabeleceu a distinção entre um direito penal público e privado. O estado passava a ser o protetor do cidadão contra o malfeitor.

A regulação da vida privada pelo estado não envolve renúncia de poder por parte deste. Ao contrário, o poder se exerce com plenitude.

O problema é regular o poder do estado, limitá-lo, ajustá-lo à vontade do detentor originário do poder.

Isso só pôde acontecer com a Revolução Francesa, quando se modificou a estrutura do poder, que não mais era delegado por Deus aos reis, mas sim derivado do povo que elegeu seus representantes para administrar a república em busca do bem comum.

Como se vê, era incompatível com o desenho institucional das nações antigas a existência de um direito público, que visa a limitar o poder estatal.

O direito penal é, indubitavelmente, um direito público por excelência. Erigiu-se como um ramo científico destinado à proteção do indivíduo contra a prepotência do estado. Essa sua finalidade precípua, porque a imposição das condutas se realiza pela moral. Não é o direito penal que cria uma ordem valorativa, mas apenas a traduz e garante.

Logo, impossível cogitar-se de um direito penal sistematizado em Roma, apesar de que a criatividade latina muito tenha colaborado para o aperfeiçoamento do direito punitivo. Um pouco injusta, portanto, a conhecida afirmação de Francesco Carrara, segundo a qual os romanos teriam sido gigantes no direito civil, mas pigmeus no direito penal.

O professor Mário Curtis Giordani, estudioso da matéria, esclarece:

"Para muitos leitores habituados a somente focalizar o Direito Romano como base do Direito Privado, constitui talvez uma surpresa a afirmação de que as disposições de Direito Penal ocupam um lugar relativamente importante no conjunto do Direito Romano...' No Digesto encontramos livros dedicados ao Direito Penal (Livros 9, 47 e 48) e vários títulos que versam sobre o mesmo assunto como, por exemplo, o título 16 do livro 49 que versa sobre o Direito Penal Militar. É verdade que os juristas romanos nem de longe dedicaram à elaboração da matéria penal o mesmo interesse e a mesma aplicação reservados ao Direito Privado, o que encontra explicação no fato de ser acentuada, no campo do Direito Penal, a intervenção autoritária do Estado, a qual, evidentemente, cerceava a atividade doutrinária."[21]

3.2. A evolução do sistema punitivo romano

Como menciona Luis Jimenez de Asua,

"el Derecho Romano es una formación milenaria: deşde el año 753 antes de Jesucristo, en que se funda Roma, hasta el 553 de la Era cristiana, que culmina en los últimos textos del Emperador Justiniano. Esos mil trescientos años han sido divididos, conforme a la estructura político-social del país en tres grandes épocas: la Monarquía, hasta el año 510 antes de Jesucristo; la República, que abarca cinco siglos, hasta el año 31 antes de nuestra Era, y el Imperio, que poco más o menos comprende el mismo número de centurias que la etapa republicana y que termina el año 553 después de Jesús."[22]

O período imperial foi pagão até 331 d. C. e, após, tornou-se cristão.

O período monárquico caracterizou-se pela distinção entre atos ilícitos punidos pelo *jus civile* (*delicta*) e pelo *jus publicum* (*crimina*), aqueles apenados com sanções privadas, e estes, com penas públicas.

Despontam nessa fase os crimes denominados *perduellio* e o *parricidium*. O primeiro abrangendo variadas

---

[21] GIORDANI, Mário Curtis. *Direito Penal Romano*. Rio de Janeiro: Lumen Juris, 1997, p. 2.

[22] ASUA, Luis Jimenez de. *Tratado de Derecho Penal*. Buenos Aires: Losada, 1964, Tomo I, p. 280.

formas de atentado ao poder constituído, como o delito de traição, que foi o germe dos delitos políticos.

O magistrado impunha a pena pelo seu poder discricionário consubstanciado na *coercitio*.

No período republicano, superada a fase absolutista, predomina a Lei das XII Tábuas (433-451 a.C.).

Apenas na fase final da vida republicana o direito penal vai ganhar autonomia, em especial com a punição dos governadores de províncias, que abusavam de seu poder.

O *crimen repetundarum* (concussão) consumado pelos magistrados provinciais obrigou a criação pelo senado da república dos juízes chamados *recuperatores*, que faziam justiça aos provincianos lesados. O meio utilizado eram as *questiones*, procedimento que acabava por impor penas além de determinar a devolução dos bens objeto da exigência indevida.

O direito penal vai tomando corpo, no regime republicano que ensejava maiores garantias, fazendo-se a diferença entre *delitos privados* e *crimina publica*. Entre estes, acentuava-se a incriminação das atividades dos funcionários públicos, zelando-se por uma boa administração da *res publica*.

Na última fase, ou seja, o principado, ainda mais se amplia o direito penal, salientando-se duas influências no sistema: o autoritarismo estatal e a moral cristã.[23] Exatamente em decorrência disso, as penas recrudescem em severidade.[24]

É de salientar que o processo penal se cercava de algumas garantias como a defesa e o contraditório. A *cognitio extra ordinem*, em verdade, constituía uma instituição de teoria geral do processo já naquela época.

---

[23] GIORDANI, Mário Curtis. Op. cit., p. 13.
[24] ASUA, Luis Jimenez de. Op. cit., p. 283.

3.3. Conclusão

A rápida análise da realidade criminal em Roma revela um aperfeiçoamento do sistema, que emergiu de maior complexidade da organização estatal. Uma intervenção administrativa ampliada, com a necessidade de estendê-la para os territórios conquistados, forçou a imposição de um direito sancionatório. O direito, então, passava a disciplinar uma ordem pública, tutelando-a. Não mais o poder divino como centro da finalidade da obediência à regra de proibição, e sim o pragmatismo da organização política, acento de uma civilização programada para a conquista, como já se disse.

Dessa maneira foi-se desenvolvendo o direito penal romano, até a queda do império que se deveu a fatores vários, como o decréscimo econômico da classe média, a invasão da cidade de Roma com modificação da cultura, com a decadência da *coragem disciplinada* representada por um exército que não mais despertava interesse, etc.

A instituição do Império Romano do Oriente, desde Constantino, imperador cristão que fugira à ira do senado pagão, e que viria a falecer no ano de 335 d. C., desprotegeu Roma da invasão dos bárbaros, inicialmente pagos para defendê-la. Somente o papado teve forças para adiar a derrocada total.

O certo, entretanto, é que a Itália mergulhou em depressão, segundo mostra Will Durant:

"A Itália era um verdadeiro caos. Meio século de invasões, fome e peste havia deixado milhares de propriedades arruinadas, milhares de acres de terra sem cultura, não por ter ficado esgotada a terra, mas por falta de braços. Santo Ambrósio (ca. 420) lamentou a devastação e o despovoamento de Bolonha, Módena e Piacenza; o Papa Gelásio (ca. 480) descreveu grandes regiões do norte da Itália quase despovoadas. A própria Roma ficara com sua população reduzida; em um século passara de 1.500.000 para umas 300.000 almas. Os campos que cercavam Roma, outrora ricos de vilas e terrenos férteis, haviam sido abandonados por seus habitantes, os quais saíam em busca de segurança nas cidades fortificadas. As próprias cidades ficaram com sua superfície reduzida a uns 40 acres, medida econômica para poder cercá-las com muralhas de defesa."[25]

Em 470 d. C. a depressão era evidente. A germanização dominou a península ibérica, inclusive a Gália.

Modificava-se o panorama político. Como lembra o citado Will Durant, *era agora possível dar início a uma nova era: o Império desaparecia no Ocidente, mas iam nascendo os Estados da Europa moderna.*[26]

---

[25] DURANT, Will. *A Idade da Fé*. Rio de Janeiro: Record, 1950, v. IV, p. 38.

[26] Idem, p. 39.

4
Período do direito consuetudinário

4.1. Introdução

A fase histórica que se segue, sob o ponto de vista da experiência jurídica, é assim caracterizada por René David:

"Qual é antes do século XIII, o quadro do direito europeu? Os elementos que existem, e com a ajuda dos quais o sistema poderá ser constituído, apresentam-se essencialmente, nesta época, como tendo um caráter consuetudinário. O Império Romano conheceu uma civilização brilhante, e o gênio romano construiu um sistema jurídico sem precedentes no mundo. Não tentaremos aqui descrever esse sistema, nem a sua história. O Império Romano, se nos colocarmos no início do século XIII, deixou de existir há séculos no Ocidente. Na época das invasões bárbaras, as populações romanas por um lado, as bárbaras por outro, continuaram durante algum tempo a viver, cada uma delas, segundo a lei que lhes era própria. Depois da conversão dos bárbaros ao cristianismo, as populações, a pouco e pouco, viram contudo aproximarem-se os seus modos de vida; a sua fusão operou-se gradualmente, e os costumes territoriais, com o nascente feudalismo, excluindo o princípio primitivo da personalidade das leis."[27]

As compilações do direito romano, reeditadas por Alarico, acabaram por ser substituídas por um direito vulgar, espontaneamente aplicado pelo povo. Nem as tentativas de Teodorico (édito de 500 d.C.) na Itália, nem o *Fuero Juzgo* (654/694 d.C.) na Espanha sobreviveram, o que faz René David concluir que *o reinado do direito cessou*.[28]

Foram muitos os problemas vividos pelo continente europeu, após o enfraquecimento da civilização romana.

O Império do Oriente esteve sempre envolvido com a defesa contra as tentativas de domínio árabe. Por outro lado, tratava de contratar mercenários para a proteção de Roma. E, além disso, enfraquecia-se com as constantes lutas religiosas.

Irresistível a força do mercenário que, de repente, tomou consciência de sua força e capacidade de conquistar os territórios que deveria proteger. Aos godos (visigodos e ostrogodos) haveriam de seguir outros povos bárbaros, concluindo Will Durant que *as irrequietas tribos iriam refazer o mapa e dar novos nomes aos países da Europa: os turíngios, burgúndios, anglos, saxões, jutos, frísios, gépidas, quados, vândalos, alemânis, suevos, lombardos e francos*.[29] Isso sem falar dos *hunos*, que aterrorizavam os campos de batalhas com a feitura de suas feições, cujo líder máximo foi Átila, apelidado pelos inimigos cristãos de *flagelo de Deus*.

Fragmentara-se o império romano. As experiências passavam a ser locais, evoluindo para uma forma feudal

---

[27] DAVID, René. *Os Grandes Sistemas do Direito Contemporâneo*. São Paulo: Meridiano, 1972, p. 44.

[28] Idem, p. 45.

[29] DURANT, Will. *A Idade da Fé*. Rio de Janeiro: Record, 1950, v. IV, p. 20.

de domínio dos territórios, com soluções particularizadas.[30] É o que assevera João Bernardino Gonzaga:
"o crescimento das cidades levou cada vez mais ao desenvolvimento de jurisdições municipais, com regras próprias e outras formas de julgamento. Foi-se também fortalecendo o Poder central, dos reis, que começaram a se impor inclusive na administração da Justiça. O meio inicial para dominar as cortes senhoriais consistiu na criação de recursos; das decisões proferidas nos feudos, começou a caber apelo ao rei, o que desde logo obrigou à adoção de processos escritos. Mais adiante, foram os juízes reais que passaram a conhecer das causas, ab initio."[31]

Essa divisão do poder político, com a quebra da tradição do direito romano, tornou assistemático o ordenamento jurídico.[32] Sequer a força de Carlos Magno

---

[30] ALTAVILA, Jayme de. *Origem dos Direitos dos Povos*. São Paulo: Ícone, 1997, p. 158-159:
Jayme de Altavila refere a situação britânica: "Van Loon delineia esse quadro do pauperismo e da escravidão da vassalagem nos domínios daqueles truculentos senhores que ocupavam as terras que haviam pertencido ao Império Romano e que, após a sua decadência, caíram sob as manoplas dos barões normandos, dos duques germânicos e dos cavaleiros aventurosos, - edificadores de ninhos de pedra onde somente se penetrava por uma ponte levadiça. Adiante: era uma coisa quase impossível a existência pacífica de um alódio ou propriedade livre, encravada no latifúndio feudal. Uma noite sem estrelas envolvia de trevas o mundo medievo. Dentro desse negrume não poderia vicejar nenhuma floração jurídica de caráter coletivo, por falta do sol fecundo da liberdade."

[31] GONZAGA, João Bernardino. *A Inquisição em seu Mundo*. São Paulo: Saraiva, 1994, p. 25.

[32] SOLER, Sebastian. *Derecho Penal Argentino*. Buenos Aires: La Ley, l945, p. 72.
"Durante ese tiempo encontramos numerosos derechos locales, muchos de ellos de carácter municipal, y por encima de éstos, manteniendo el principio de unidad, el Derecho romano, al cual recurrían los prácticos - glosadores y post-glosadores - como fuente inagotable de conocimientos y de sistematización, y el derecho canónico, como expresión efectiva de un poder coercitivo de alcance espacialmente ilimitado. Sin embargo, el predominio de las instituciones locales y de formas jurídicas consuetudinarias es tan manifiesto que, en realidad, el Derecho romano, al ser recibido como derecho del Imperio romano germánico, era derecho extranjero, derecho nuevo."

(nascido em 768 e falecido em 814 d. C.) foi capaz de superar o empobrecimento da experiência jurídica.

Em verdade, a humanidade havia queimado uma etapa, ou seja, a das grandes conquistas, com anseio de unificação de grandes blocos nacionais. Só mais tarde tentaram repetir os ensaios conquistadores com Napoleão e, ainda, Adolf Hitler, sem sucesso.

Todavia, o grande esforço dos reis, lentamente, roubou poder aos senhores feudais.

As nações começavam a florescer, e a identidade exigia soluções individuais.

Jayme de Altavila lembra a proposição feita por Bluntschli: *différentes par l'histoire, le pays, le caractére, l'esprit, les tendances, les nations ont également besoin de formations politiques diverses.*[33]

Registre-se que, filho de família pobre nascia o profeta Maomé, após cinco anos da morte de Justiniano (565 d. C.).[34] Ditou suas revelações no texto unificado que veio a denominar-se *Alcorão*, uma espécie de bíblia muçulmana, que pouco influiu na formação do sistema jurídico romano-germânico e anglo-saxônico, malgrado a conquista da Espanha pelos árabes vindos do norte da África, e a própria queda do império bizantino, em 1453, quando o sultão M'hammad II conseguiu com seus canhões abalar a inexpugnável Constantinopla, dirigindo seus tiros para um ponto só da muralha. Em verdade, o *Corão* contém uma mensagem prolixa, em que se misturam conceitos religiosos e éticos, não tendo força para sobrepujar o direito romano sistematizado em cujas águas foram beber os pesquisadores dos séculos XII e XIII.

Vale lembrar, enfim, que o feudalismo caracterizou-se por uma grande repressão punitiva, geralmente com a imposição da pena de morte.

---

[33] ALTAVILA, Jayme de. Op. cit., p. 149.

[34] DURANT, Will. Op. cit., p. 141.

Retornava a realidade dos primórdios da humanidade, em que a dificuldade de manter a unidade dos clãs forçava uma regulação drástica. Não era de outro modo que os senhores feudais poderiam manter seu poderio sobre os homens do campo, recolhendo os tributos com os quais asseguravam seu *status* e a defesa de seus disputados territórios. Alastrava-se a pobreza urbana, conforme narra Michel Mollat,[35] segundo o qual *a severidade dos magistrados municipais, os* curiales, *na coleta das taxas, nada era se comparada ao egoísmo dos credores ricos acuando os devedores, que acabavam vendendo suas terras.*[36]

O aumento da criminalidade se fazia sentir. Lembra João Bernardino Gonzaga:

"a proliferação de crimes constituía verdadeira calamidade. Não havia nenhuma segurança nos campos, nas estradas, nas cidades. Tudo se achava infestado por legiões de assaltantes, muitas vezes organizados em bandos, de assassinos, de ladrões, trapaceiros, prostitutas, mendigos, etc. As crises periódicas por que passava a agricultura despejavam nas cidades multidões de desempregados e de miseráveis. As freqüentes guerras produziam popula-

---

[35] MOLLAT, Michel. *Os Pobres na Idade Média*. Rio de Janeiro: Campus, 1989, p. 25.
"Tanto quanto o Oriente, mas sob formas diferentes e em outro ritmo, o Ocidente conheceu durante séculos um penoso estado social. A miséria urbana, no início, foi menos intensa no Ocidente, embora Roma, nos últimos tempos imperiais, segundo dizem, devesse sustentar 120 mil carentes e, ainda no final do século VI, o papa Gregório o Grande tivesse uma grande tarefa pela frente para socorrer uma imensa miséria. Nas outras regiões latinas, as invasões germânicas acentuaram a recessão da vida urbana. Antigas cidades, despovoadas e em ruínas, voltaram à situação de vilas entre os séculos IV e VII. Algumas delas recuperaram-se no século IX, graças a uma feira situada sobre uma estrada freqüentada; mas nada foi decisivo antes do despertar econômico do século XI. Desse modo, durante seis séculos o local privilegiado para os confrontos entre ricos e pobres foi o campo. Rico era o possessor de terras e víveres (não mais de numerário); a ausência de direitos sobre a terra e a dependência alimentar delimitavam os contornos da pobreza."
[36] MOLLAT, Michel. Op. cit., p. 31.

ções errantes; a soldadesca de mercenários, nos intervalos entre os combates, não tendo o que fazer, se entregava a assaltos e a pilhagens. Escusa enfim desdobrar todo o triste panorama, que facilmente imaginamos, daqueles tempos confusos. Concomitantemente, inexistia qualquer política social eficaz. Coube então à Justiça Penal a tarefa de suprir essa falha, contendo os insatisfeitos e ordenando a sociedade; o que ela fez através do terror."[37]

4.2. A inquisição. Quadro histórico

Importante é a análise do que representou a Inquisição na Idade Média.

Ela foi, sem dúvida, um testemunho histórico de uma vivência penal com peculiaridades.

Os reinados se consolidavam, pouco a pouco, e a religião católica era o fator de união dos povos. O papa exercia uma forte influência nas decisões soberanas, opinando sobre alianças, conquistas territoriais, etc. Imperava a convicção sobre o *unum imperium, unum jus, una ecclesia*. Correspondia ao argumento dos escolásticos da *reductio ad unum* que existia no pensamento medieval. Procurava-se cristalizar a memória da grandeza do império romano que, segundo tais pessoas, haveria de prosseguir, ainda que fora de Roma. Era quase um auto de fé: o império romano só terminaria com o fim do mundo, porque apenas deveria subsistir uma verdade religiosa: o cristianismo, tendo por colunas mestras as Sagradas Escrituras e a igreja latina.

Logicamente que esse poder católico haveria de sofrer contestação, não só da parcela da nobreza politicamente desprotegida pelo clero, mas principalmente pela

---
[37] GONZAGA, João Bernardino. Op. cit., p. 48.

população em que recrudescia um pauperismo incontrolável. Esse fator favoreceu a eclosão de seitas opostas à religião católica (exemplo: os *cátaros* surgiram no século X), às vezes ligadas ao desespero dos abandonados, que sublimavam no mundo sobrenatural suas carências materiais. A *magia*, então, era o caldo de cultura da subversão ao sistema, materializando-se nos manuais de bruxarias. A Alemanha era infestada por bruxas e magos. Por isso ali foi publicado o *Malleus Maleficarum* ("O Martelo das Feiticeiras") de autoria dos dominicanos Kramer e James Sprenger, guia para identificação das bruxas pelos juízes nos processos de bruxaria.

Ainda de recordar-se que as massas descontentes, em especial nos povos germânicos, apoiavam as nascentes reações da Reforma.

Portanto, punha-se em linha de confronto um poder consolidado com alicerce na Igreja de Roma.

Obviamente, a reação foi inexorável, com o apoio da Igreja, que montou uma jurisdição excepcional para salvação das almas com o resguardo, nos diversos países, do predomínio do catolicismo.

4.3. A justiça na inquisição

Explica João Bernardino Gonzaga que no início o processo inquisitorial tinha apenas por destinatário os membros do clero, passíveis de responder por acusações formuladas por qualquer fiel através da *denuntiatio*. A justiça da Igreja tinha um caráter disciplinar e procurava recuperar a alma do faltoso. A confissão, diante disso, ganhava importância porque revelava arrependimento. O método da *inquisitio* firmou-se com o papa Inocêncio III, no século XIII, e com o quarto Concílio de Latrão, em 1216. Já aqui o juiz poderia abrir processo mesmo sem acusador e realizar as provas que entendesse necessárias, secretamente. Esse foi o surgimento do que, depois, veio a denominar-se *sistema processual inquisitório*.[38]

Os severos métodos punitivos medievais eram festejados por todos dada a apreensão com a crescente violência decorrente da extensão da miserabilidade. Os juristas tratavam de justificar a tortura (Bartolo, Baldo, Angelus de Aretio, etc.), e o tomismo justificava a pena de morte.[39] Ressalte-se, porém, que os Tribunais do Santo Ofício não executavam a pena capital. Quando condenavam o acusado à morte, entregavam-no ao poder secular dos reis para a execução da mesma.

João Bernardino Gonzaga menciona que a Inquisição iniciou com Inocêncio III, mais ou menos em 1216.[40]

---

[38] GONZAGA, João Bernardino. Op. cit., p. 24.

[39] Idem, p. 47.

"Os historiadores estão de inteiro acordo sobre o fato de que o povo em geral, de todas as classes sociais, aceitava pacificamente os rigores do sistema repressivo, encarando-os com absoluta naturalidade, como algo normal e necessário. Os grandes juristas da época, homens respeitados pelo saber e prudência, estruturaram e defenderam a *inquisitio*, com suas denúncias anônimas, seus processos secretos, o sistema das provas legais, a tortura. Tudo isso foi aprovado pelos Mestres Bartolo e Baldo, no século XIV; por Angelus de Aretio, no século XV; no século XVI, por Hippolytus de Marsiliis, Julius Clarus, Farinacius, Menochius, na Itália, Carpzov e Schwarzenberg na Alemanha. As vozes timidamente adversas, quanto a alguns aspectos da *inquisitio*, foram raríssimas. A legitimidade da tortura, por exemplo, não suscitava nenhuma dúvida. O grande Farinacius a apoiou como medida indispensável, elogiando os juízes que "inveniunt novas tormentorum species". Como dizia Afonso X, o Sábio, de Espanha, os suplícios se justificavam porque provinham dos jurisconsultos romanos. A pena de morte não teve igualmente reais opositores, mesmo porque, em seu prol, havia este ensinamento de São Tomás de Aquino: assim como ao médico é lícito amputar o membro infeccionado para salvar o corpo humano ameaçado, deve ser permitido ao príncipe eliminar o elemento nocivo ao organismo social."

[40] Idem, p. 97-99.

"Diante das insuficiências do clero secular para o combate, começou-se a recorrer aos frades. São Domingos de Gusmão veio a ser incumbido de algumas missões e por volta de 1216 Inocêncio III lhe entregou a presidência de um tribunal. Assim é que, aos poucos, foi nascendo o que se passou depois a designar pela palavra 'Inquisição'. Como instituição oficial e permanente para toda a Igreja, no entanto, esta somente se consolidou em 1231, por bula do papa Gregório IX. Antes disso, em 1229, suas estruturas se delinearam num concílio realizado em Tolosa. Dispõe-se que todos os fiéis devem prestar juramento, cada dois anos, de renúncia a tudo o que se oponha à fé da Igreja romana. A recusa ao juramento significa heresia. Os hereges que desejam abandonar espontaneamente seu erro devem trazer duas cruzes de pano colorido costuradas nas vestes e sofrem incapacidades até chegarem à completa reconciliação. Os que não renunciam espontaneamente devem ser mantidos presos incomunicáveis e alimentados nos termos que se encontram em Isaías 30, 20: 'O Senhor vos dará um pão apertado, e água pouca'. Recebem visitas apenas do cônjuge e de um membro do Tribunal, que procura convencê-los à emenda. Aos irredutíveis, o braço laico imporá a pena capital.

Começou o Tribunal do Santo Ofício na França e passou depois a outros países europeus. Na Alemanha, um decreto imperial de 1232, o estendeu a todo o Império; chegou à Itália, à Boêmia, à Hungria, etc., e, também, entrou na península ibérica. Através da Inquisição, unem-se mais fortemente os dois Poderes e reafirma-se a doutrina política baseada na idéia das 'duas espadas': a da Igreja e a do rei, delegadas ambas por Deus para o exercício da autoridade nas duas esferas, espiritual e temporal, com supremacia da primeira. Tanto a Justiça comum como a canônica devem trabalhar conjugadamente, somando esforços no sentido de manter a fé, a ordem e a moralidade públicas. Com isso não houve, em verdade, qualquer mudança substancial, mas somente ficou reforçada uma realidade preexistente. Há alguns séculos já os tribunais da Igreja vinham aplicando seu Direito Penal Canônico a variados crimes, comuns e religiosos, em estreita união com a Justiça do Estado, cujo Direito Penal também punia equivalentes infrações. O mesmo sistema prosseguiu vigendo na Inquisição, com a qual a Igreja apenas buscou obter maior eficiência da sua Justiça, com regras mais severas. Diante do fortalecimento de heresias cismáticas, os tribunais diocesanos que até então existiam se mostravam impotentes. Os bispos, que os chefiavam, viviam sobrecarregados com múltiplos afazeres, trabalho pastoral, funções administrativas, disciplina do clero, etc. Em sobrecarga, cabia-lhes ainda se ocupar da Justiça canônica, onde tramitavam variadas questões, tanto civis como penais. Ora, num momento tão grave para a vida da Igreja, entendeu-se preciso reforçar suas defesas contra as investidas que vinha sofrendo. Por isso, as tarefas que se tornaram específicas da Inquisição passaram a ser subtraídas à Justiça Canônica tradicional e confiadas ao clero regular: primeiro, aos frades pregadores, os dominicanos; depois, também à Ordem de São Francisco. Durante algum tempo ainda coexistiram as duas jurisdições sobre as mesmas matérias, a dos bispos e a dos delegados papais, mas aos poucos esta última, muito mais ágil e eficiente, se tornou exclusiva nos assuntos que lhe competiam. No começo, cada Tribunal seu funcionava de modo autônomo nas regiões em que se instalava. Logo sentiu-se porém a necessidade de um órgão superior, que centralizasse os trabalhos, decidisse recursos e resolvesse dúvidas. Assim, em 1263, o papa Urbano IV nomeou João Caetano Ursino para as funções de Inquisitor Geral. O cargo continuou até 1542. Nos primeiros decênios do século XIII, portanto, passou a atuar a Inquisição medieval, que se encerrou no século XV. A partir daí a instituição foi declinando na generalidade dos países, exceto na península ibérica, onde, ao contrário, adquiriu novo alento. Entre os assuntos principais que ficaram a seu cargo estavam a heresia, a apostasia, o cisma, o sacrilégio, a bruxaria."

Legitimação do ato de criminalizar 49

O espantoso para a cultura atual é que os métodos da Inquisição não foram repudiados pelo povo, à época. Ao contrário, alguns reis eram pressionados para pedir a intervenção da Igreja para o combate aos heréticos.

No início deste trabalho, referiu-se que a segurança e unidade de uma nação se consolidam em torno de uma idéia. Atualmente, tal ideal corresponde a um sistema político baseado em princípios democráticos e num estado de direito. É isso que une os homens, especialmente no mundo ocidental. As religiões se separaram do estado, e cada vez perdem mais adeptos. Não centralizam mais as preocupações existenciais.

Na era medieval o palco era outro. O poder político dos reis era mínimo. A idéia de unidade somente poderia ser dada pela memória de uma Roma, que agora vinha representada pelo poder papal.

A segurança do povo, então, centralizava-se na instituição da religião católica apostólica romana. Atacá-la seria um crime de *lesa majestatis*.

As heresias representavam a subversão da ordem, e nada mais perturba o homem comum do que tirá-lo da vida limitada que lhe traz segurança. Mudar envolve desafio, e o desafio representa perigo, e o perigo, eventualmente, a dor.

Desse modo, a antipatia pelos métodos eclesiásticos de investigar as heresias foi mínima, pelo menos nos países em que funcionou o tribunal de exceção com rigor normal, o que não aconteceu, por exemplo, na Espanha.

4.4. O processo na inquisição

João Bernardino Gonzaga assim descreve o processo desenvolvido pelos inquisidores:

"O nome completo era 'Tribunal do Santo Ofício da Inquisição', mas passou a ser designado simplificadamente por esta última palavra, cuja raiz está no verbo latino *inquirere* ('inquirir'), do qual deriva o substantivo *inquisitio* ('inquisição'). Assim se chamou porque adotava o sistema processual inquisitivo, que se tornara dominante no Direito Canônico e no Direito secular, do qual falamos no Capítulo I. A ação penal podia ter origem numa denúncia de qualquer pessoa, ou decorrer de inquérito aberto *ex officio*, mas em ambas as hipóteses se instaurava por determinação da autoridade e os trabalhos se desenvolviam, a seguir, conduzidos por esta, tudo sendo reduzido a escrito e de modo sigiloso. Era também possível optar pelo sistema acusatório, quando alguém do povo delatava outrem e se dispunha a provar o alegado, assumindo no processo o papel de parte acusadora. Em tal eventualidade, o juiz devia advertir esse acusador de que ficava sujeito à lei do talião: se fosse falso o que dizia, se não provasse a culpa do réu, sofreria ele a pena cabível para o crime que pretendera ter existido. Este último sistema, pelos seus inconvenientes, caiu logo porém em desuso. O tribunal caracterizava-se por extrema sobriedade, não ostentando nenhuma pompa. Compunha-se do inquisidor, seus assistentes, de um conselheiro espiritual, guardas e um escrivão. As regras seguidas tiveram algumas variações, mas, em linhas gerais, foram as seguintes. Quando ele se instalava em certa cidade, o primeiro ato consistia em apregoar a sua presença e reunir os fiéis, exortando-os a, sob juramento, se comprometerem a indicar os hereges e as pessoas suspeitas que conhecessem. Passava-se depois ao 'Tempo de Graça', geralmente com quinze a trinta dias de duração, em que os culpados dispunham da possibilidade de se purificarem. Cabia-lhes, para tanto, procurar seus confessores a fim de receberem a absolvição dos pecados, e ao inquisidor deviam fornecer garantias de sinceridade, consistentes em cumprir penitências, dar à Igreja uma parte ou, conforme a gravidade do caso, a totalidade dos seus bens e identificar os hereges de que tivessem notícia. Escoado esse período sem o comparecimento espontâneo do suspeito, o mesmo era citado para se apresentar pessoalmente no tribunal. Exigia-se-lhe então o juramento de dizer a verdade, de obedecer à Igreja, inclusive realizando as penitências por esta prescritas, e de apontar os hereges que fossem do seu conhecimento. A recusa a prestar esse juramento significava implícita admissão de culpa. Submetiam-no depois a minucioso interrogatório, que era tomado por termo pelo escrivão. Ao ato deviam estar presentes, como garantia de seriedade, duas pessoas de confiança e imparciais, que a tudo assistiam sob promessa de manter segredo. Consoante H.-C. Lea (op. cit., I, págs. 427-8), 'a freqüente repetição dessa regra por sucessivos papas e o fato de que ela foi incorporada ao Direito Canônico atestam a importância que lhe atribuíam, como meio de impedir as injustiças e de dar ao processo uma aparência de imparcialidade'. Se o interrogando protestava inocência, mas havia fortes provas em contrário, podia ser utilizada a tortura e submetiam-no a prisão processual, enquanto se faziam mais investigações. Nesse entretempo, o réu era visitado na cela pelo inquisidor, por seus assistentes ou por católicos de prestígio da região, que tentavam persuadi-lo a se arrepender e confessar o crime. Concluída finalmente a instrução, encerrava-se o processo com sentença, absolutória ou condenatória. Para o julgamento, o juiz devia ser assistido por assessores, que o orientavam, em geral selecionados entre jurisconsultos que bem conhecem o Direito Canônico e o Direito comum. Ademais disso, o inquisitor não podia decretar penas graves, como a prisão perpétua ou a entrega do réu ao braço secular, sem a presença e a concordância do bispo local. Mais tarde, o papa Bonifácio VIII (1294-1303) exigiu o concurso do bispo em todas as sentenças condenatórias. Proferidas decisões em vários casos, realizava-se um ato público e solene em que elas eram proclamadas diante da multidão para esse fim reunida. Tais solenidades se chamavam em Portugal 'autos-de-fé', designação que logo se estendeu a outros países. Tinham por objetivo restaurar no povo a pureza da fé, deturpada pelas heresias, intimidar hereges ocultos e fortalecer cristãos vacilantes. Nelas, os réus arrependidos proclamavam sua abjuração e os impenitentes recebiam as penas canônicas ou eram entregues (eram 'relaxados', como se dizia) ao braço secular. As sentenças absolutórias se davam no próprio recinto do tribunal. Na hipótese de absolvição em que subsistissem porém dúvidas sobre a efetiva inocência do imputado, providências acautelatórias podiam ser tomadas: ele devia prestar um juramento, chamado 'purgação canônica', juntamente com conjuratores escolhidos entre católicos de confiança, que afiançavam a sua ortodoxia. Se isso não fosse obtido, o suspeito era excomungado, dispondo de um ano para demonstrar o descabimento da medida; e, se tal não acontecesse, somente então passava a ser considerado herege, recebendo a punição a que fazia jus."[41]

Os hereges eram marcados em suas vestes. Por exemplo: deveriam usar vestes com cruzes cosidas. Dois martelos de feltro amarelo significavam que o acusado estava gozando liberdade provisória. Os falsos acusadores vestiam tecidos vermelhos em forma de língua.

---
[41] GONZAGA, João Bernardino. Op. cit., p. 120-122.

A Inquisição teve seu significado histórico. Durou por muitos anos. Sua expressão máxima de crueldade e abuso ocorreu na Espanha. Frei Tomás, dominicano, nascido em Torquemada, mais tarde confessor dos reis Fernando e Isabel, foi nomeado por Sixto IV primeiro Inquisidor-Geral para a Espanha. Grande é sua fama do ponto de vista negativo, ficando conhecido pelo nome *Torquemada*.

A Inquisição somente foi abolida na Espanha em 1834.

5
O período humanista

5.1. O Renascimento

5.1.1. Introdução

Já vimos que, em determinado momento histórico, o predomínio da normatividade originada das crenças religiosas atingiu um ponto de saturação. Isso fez com que se desenvolvesse a ciência do espírito com um certo grau de liberdade. Os gregos foram os responsáveis por essa virada de página na história. Após, os romanos seguiram seus passos, aperfeiçoando o direito em razão do senso prático da vida, o que os distinguia dos helênicos.

O direito romano varou os séculos, conforme já tivemos oportunidade de observar.

Entretanto, o domínio da Igreja se fez sentir a partir da decadência do império romano e das constantes tentativas de reunificação, que sempre tinham a Igreja romana como um de seus alicerces mais profundos.

O absolutismo dos feudos com o incipiente direito costumeiro, ou dos reis com sua permanente preocupação de manter o império sobre seu território, fez com que se desenvolvesse um direito penal endurecido, com penas graves, meios de prova que hoje parecem absurdos como os *juízos de Deus* ou os *ordálios*.

A realidade, porém, mudou. Amadurecia uma nova reação contra o poder incontestável e incontestado da Igreja, cujas garras mais se afiaram e desenvolveram com a Inquisição. O humanismo estava sufocado, os espíritos escravizados a uma idéia. E, como dizia um psicólogo americano, *nada pior do que uma idéia, quando ela é a única que você tem.*

Nenhuma ciência do espírito podia florescer com o monitoramento das consciências efetivado pela Igreja católica. Simples expressões de uma tela artística poderiam constituir crítica indicadora de heresia.

Estava na hora em que o instinto de conservação funcionaria para impedir que a cultura ocidental sucumbisse. A saída das trevas fez renascer a humanidade.

Nicolás Berdiaeff assevera que *el ascetismo medieval había cimentado las fuerzas espirituales del hombre* e que *el ensayo de la Historia moderna no es más que un ensayo de una libre manifestación del espíritu humano.*[42]

O direito não esteve alheio ao momento novo.[43]

---

[42] BERDIAEFF, Nicolás. *El Sentido de la Historia: Ensayo Filosófico Sobre los Destinos de la Humanidad.* Barcelona: Analuce, 1943, p. 155.

[43] DAVID, René. *Os Grandes Sistemas do Direito Contemporâneo.* São Paulo: Meridiano, 1972, p. 46-47.
"A criação da família de direito romano-germânico está ligada ao renascimento que se produz nos séculos XII e XIII no Ocidente europeu. Este renascimento manifesta-se em todos os planos; um dos seus aspectos importantes é o seu aspecto jurídico. A sociedade, com o renascer das cidades e do comércio, toma de novo consciência da necessidade do direito; acaba por conceder que só o direito pode assegurar a ordem e a segurança que permitem o progresso. O ideal duma sociedade cristã fundada sobre a caridade é abandonado; renuncia-se à criação na terra da cidade de Deus. A própria Igreja distingue mais nitidamente a sociedade religiosa dos fiéis e a sociedade laica, o foro externo e o foro interno, e elabora nesta época um direito privado canónico. Deixa de se confundir a religião e a moral com a ordem civil e o direito; o direito vê reconhecer-se-lhe uma função própria, uma autonomia, que de futuro serão características dos modos de ver e da civilização ocidentais.
A idéia que a sociedade deve ser regida pelo direito não é uma idéia nova. Fora admitida, pelo menos no que respeita às relações entre particulares, pelos Romanos. Mas o regresso a esta idéia, no século XII, é uma revolução. Filósofos e juristas exigem que as relações sociais se baseiem no direito e que

Em 1.137, eram descobertas as Pandectas de Justiniano.

5.1.2. O reestudo do Direito Romano

Quando se tratava de recriar um sistema de direito, nada mais adequado do que lançar mão do direito romano, a partir do qual encetaram-se os estudos para a instituição de uma ordem jurídica em acordo com o momento vivido na Europa.

As escolas foram as grandes responsáveis pela experiência jurídica. A maior delas foi, no que respeita ao direito, a Universidade de Bolonha.

Refere Will Durant:

"Irnério começou a ensinar direito em Bolonha em 1808. Não sabemos se as leis romanas o convenceram dos argumentos práticos e históricos para a supremacia do poder imperial sobre o poder eclesiástico ou se a recompensa por serviços prestados ao primeiro o atraía, mas o fato é que ele passou do partido dos guelfos para o dos gibelinos e deu à jurisprudência, revivida, interpretações que favoreciam as reivindicações imperiais. Reconhecidos, os imperadores contribuíram com dinheiro para a escola. Bolonha recebeu depois verdadeiro enxame

---

se ponha termo ao regime de anarquia e de arbítrio que reina há séculos. Querem um direito novo fundado sobre a justiça que permita conhecer a razão; condenam o reino do arbítrio ao mesmo tempo que repudiam para as relações civis, o apelo ao sobrenatural. O movimento que se produz nos séculos XII e XIII é tão revolucionário que será no século XVIII o movimento que procurará substituir a regra do poder pessoal pela democracia, ou no século XX aquele que pretenderá substituir a anarquia do regime capitalista pelo remédio da organização social marxista. A sociedade civil deve ser fundada sobre o direito: o direito deve permitir a realização, na sociedade civil, da ordem e do progresso. Estas idéias tornam-se as idéias mestras na Europa Ocidental nos séculos XII e XIII; elas imperarão aí, de futuro, de modo incontestado até aos nossos dias, onde a heresia marxista as voltará a pôr em questão."

de estudantes alemães. Irnério compôs um volume de interpretações e comentários sobre o *Corpus iuris* de Justiniano, e aplicou métodos científicos para a organização das leis. A *Summa codicis Irnerii*, compilada por ele ou de suas preleções, é uma obra-prima de exposições e argumentos. A idade de ouro da jurisprudência medieval começou com Irnério. Homens de todos os países da Europa latina iam a Bolonha para aprender a rejuvenescida ciência da lei. Graciano, discípulo de Irnério, aplicou os novos métodos à legislação eclesiástica e publicou o primeiro código das leis canônicas (1139). Após Irnério, os 'Quatro Doutores' - Búlgaro, Martinho, Jacó e Hugo - em uma série de comentários célebres, aplicaram o Código de Justiniano aos problemas legais do século XII e conseguiram a adoção da lei romana numa festa cada vez maior. Em princípios do século XIII, o venerável Acúrsio (1185?-1260), o maior dos comentaristas, condensou o trabalho deles e o seu próprio em uma Glosa ordinaria, a qual se tornou a autoridade-padrão com que os reis e comunas romperam o jugo das leis feudais e combateram o poderio dos papas. O papado esforçou-se por impedir a exumação de um código que fazia da religião a serva do Estado; mas os novos estudos alimentaram o ousado racionalismo e a secularização dos séculos XII e XIII, e criaram uma prolífera classe de advogados. Estes trabalham arduamente para reduzir o papel da Igreja no governo e estender a autoridade do Estado. São Bernardo queixava-se de que, nas cortes européias, ressoavam as leis de Justiniano e nelas não mais se ouviam as de Deus. A extensão da nova jurisprudência foi um estímulo tão forte quanto as traduções gregas e árabes para a criação daquele respeito e paixão pela razão, a qual iria criar e enfeitiçar o escolasticismo."[44]

Por essa época, passou a pesquisa do direito a ser feita também pelos alemães, que dominaram o direito penal. Luis Jimenez de Asua cita Francisco P. Laplaza, segundo o qual o edifício liberal deve à Alemanha tanto ou mais do que à França. Enquanto esta, logo após a Revolução, mergulhava num imperialismo nacionalista agressivo, começava a germinar a filosofia idealista em território germânico, da qual foi expoente Emmanuel Kant.[45]

Os textos romanos não se adaptavam à realidade existencial das comunidades (meados do século XIII). Logo, foram interpretados e glosados, dando base à criação de leis. A *Grande Glosa de Acúrcio* continha 96.000 glosas.

A escravização à forma dos textos romanos despertou reação, nos séculos XIV e XV. Os pós-glosadores, dos quais Bartolo foi um dos expoentes, emprestavam valor maior à autoridade dos juristas romanos, criando o *usus modernus Pandectarum*. Surgiam novos fatos e a necessidade de um direito comercial e de um direito internacional privado, com a diversidade dos estados emergentes na Europa. Passou-se, diante disso, a dar credibilidade, na solução das lides, à *communis opinio doctorum*.

Já fora assim na antiguidade. A Escola de Direito de Berito (atual Beirute) estudara os textos de Papiniano, Ulpiano, Paulo, Modestino e Gaio no século V, sendo o direito baseado na opinião autorizada de tais juristas, com base eminentemente jurisprudencial (Papiniano era

---

[44] DURANT, Will. *A Idade da Fé*. Rio de Janeiro: Record, 1950, tomo IV, p. 818-819.

[45] ASUA, Luis Jimenez de. *Tratado de Derecho Penal*. Buenos Aires: Losada, 1964, p. 249.

o mais autorizado jurista). Dita escola foi destruída por um incêndio proveniente de abalo sísmico, no século VI.

Nos séculos XVII e XVIII, sente-se a influência do pensamento racionalista, e os juristas passam a se afastar, cada vez mais, do direito romano, instituindo um sistema jurídico racional.[46]

Atente-se para que essa influência romana acabou por institucionalizar o *latim* como o idioma da ciência jurídica. Assim é que, a partir dessa fase histórica, foi o latim utilizado nos textos elaborados, havendo aforismos que o neófito atribui aos romanos, quando sua elaboração é moderna. Como exemplo, o princípio expresso por Anselm von Feurbach do *nullum crimen, nula poena sine lege*.

O jusnaturalismo floresce com Hugo Grotius.[47]

Esse caráter publicístico do direito penal fora buscado pelos jusnaturalistas na experiência inglesa, muito mais rica do que a europa continental na administração da polícia e das liberdades individuais.

A filosofia racionalista e o direito natural foram uma preparação para o movimento iluminista e libertário, porque modificava a idéia de poder, tirando de cena o poder religioso e impondo uma relação regrada entre governante e governado.

Em verdade, o direito público, em especial o direito penal, só cristalizou sua natureza mais adiante, quando passou a ser um direito tutelar do criminoso, ou seja, um corpo normativo limitador do poder do estado. O estado tem todo o poder sobre o indivíduo, e sempre o exerceu assim através dos sistemas políticos absolutistas. Quan-

---

[46] DAVID, René. Op. cit., p. 58.

[47] ASUA, Luis Jimenez de. Op. cit., p. 249.
"La exaltación del Derecho Natural al rango de ciencia autónoma, proclamada por Hugo Grocio (n. en Delft, el 10 de abril de 1583; m. en Rostock, el 28 de agosto de 1645) reproduce y enardece la lucha en pro del Derecho penal público."

do se limita o poder de estado, porque deve contas a quem o instituiu sob a forma representativa, aflora a viabilidade do direito público.

O certo, porém, é que, desde o direito penal romano (até mesmo antes com o Código de Hamurabi), começou-se a observar que o governante abrogou da vingança privada, que estabelecia o caos nas relações e a fragilização da comunidade. Aí é que se desenvolveu o direito punitivo como iniciativa do estado, que cumpria seu papel apaziguador. O direito punitivo ganhou, assim, um caráter público, o que não quer dizer, todavia, que tenha se alçado à categoria de direito público. Já vimos que a característica maior do sistema penal material e processual, até aqui, foi a ausência de sistemática.

O certo é que as idéias racionalistas construíram a teoria do regramento natural, imanente, que tem muito a ver com as ciências exatas que floresciam na época.[48] A tais axiomas todos estavam submetidos.

Esclarece o professor pernambucano João Maurício Adeodato:

> "Com a ascensão da Igreja Cristã no Ocidente, a situação se inverte pois, como herdeira da *auctoritas* do Estado Romano e fonte da legitimidade do poder secular, a Igreja paira acima dos ordenamentos locais, reunindo também competências jurídicas. E o ambiente social continua relativamente indiferenciado, pois a Igreja abarca o outro mas também este mundo, estendendo seu poder temporal sobre toda

---

[48] ALVAREZ, Ricardo Carlos María. *Sistema Penal: Del Naturalismo a La Renormatización*. Revista do Instituto Brasileiro de Ciências Criminais, n. 7, São Paulo, p. 413, jul-set. 1994.
"El modelo científico que se sustentaba hacia meados del siglo XIX (hoy diríamos, con T. Khun, el paradigma dominante en materia epistemológica), venía impuesto por su fidelidad para con el esquema mecanicista newtoniano. Es por ello que.. 'La generalización' de la física, desde Newton en adelante, hizo que esta ciencia adquiriera gran prestigio y llegara a considerarse como un modelo de ciencia natural. Todas las ciencias buscaban parecérsele."

a esfera ética. É o jusnaturalismo teológico, representado sobretudo pela Escolástica, com a visão de um direito imutável, dentro da harmonia medieval, estabelecido por Deus. A Igreja é o elo de ligação entre o direito divino e natural e o direito empírico, real, efetivo, em suma, como se diria depois, positivo. Na prática, a hierarquia eclesiástica determinava a interpretação genuína da vontade de Deus, fonte de todo direito."

"É aí que, apoiando a ascensão do Estado como instância jurídico-política máxima e a correspondente queda do poder secular da Igreja, enfraquecida pela Reforma, surge o que podemos chamar de um Jesus Cristo às avessas. Com efeito, a intenção de Samuel Pufendorf (1632-1694), assim como de Christian Thomasius (1655-1728) é separar, na ética, as esferas da religião e moral, a cargo da Igreja, das esferas jurídica e política, a cargo do Estado. Daí seu famoso critério interioridade-exterioridade, posteriormente adotado por diversos pensadores, dentre os quais Kant. Pufendorf parte da separação entre os campos da ética (*entia moralia*) e da física (*entia physica*) e, na linha aberta por Hugo Grotius (1583-1645), afirma a independência entre o direito natural e o direito divino."[49]

Como se referiu, o avanço na ciência jurídica ainda não encontrara clima político para um direito criminal de feição garantista.

Por isso a reação do espírito humanitário, que acelerou a formação de um direito penal autônomo, com princípios próprios.

---

[49] ADEODATO, João Maurício. *Ética, Jusnaturalismo e Positivismo no Direito.* Anuário do Mestrado em Direito da Faculdade de Direito de Pernambuco, n. 7, p. 205-206, 1995.

Aquele momento histórico muito devia a um humanismo integral. Não fosse assim, seria inexplicável o seguinte trecho do discurso de Robespierre perante a tribuna da Assembléia Nacional, em 30 de maio de 1791:

"o legislador que prefere a morte e as penas atrozes aos meios mais amenos que estão em seu poder, ultraja a delicadeza pública, embota o sentimento moral entre o povo que ele governa, semelhante a um preceptor incompetente que, por meio de freqüentes castigos cruéis, embrutece e degrada a alma de seu aluno; enfim, ele usa e enfraquece as instâncias do governo, querendo ampliá-las com mais força."

Do mesmo modo, toda a proclamação de princípios programáticos em matéria penal preconizados pelo Masquês de Beccaria. Nessa obra descobre-se o método adequado para prevenção dos crimes:

"Se se proíbem aos cidadãos uma porção de atos indiferentes, não tendo tais atos nada de nocivos, não se previnem os crimes: ao contrário, faz-se que surjam novos, porque se mudam arbitrariamente as idéias ordinárias de vício e virtude, que antes se proclamam eternas e imutáveis."[50]

5.2. O Iluminismo

A visão humanista, que constituiu um retorno à cultura grega, começou a experimentar as reações sociais de seu tempo.

Uma pobreza cada vez mais alastrada infestava as comunidades européias. Paris era uma cidade imunda, com uma superpopulação, mal organizada, onde proliferavam as doenças.

---

[50] BECCARIA, Cesare (1738-1794). Tradução: J. Cretella Júnior. *Dos Delitos e das Penas*. São Paulo: ed. Edipro, 1993, p. 99.

Na cidade e no campo, a qualidade de vida piorava, e o rei pouco podia fazer afogado em dívidas.

Várias sublevações ocorreram antes da queda da Bastilha. O povo insatisfeito, impulsionado por uma classe intelectual atuante, colocava em perigo o sistema.

Esse o clima que propiciou a eclosão do movimento que modificou a face da humanidade: a Revolução Francesa.

Thomas Carlyle foi o historiador dessa radical transformação cultural e conta-nos:

"Bajo tales presagios, sin embargo, llegamos a la primavera de 1788. Ninguna salida se abre para dejar paso al gobierno del rey, sino que por todas partes es vergonzosamente empujado hacia atrás. Sitiado por doce Parlamentos rebeldes, que se han convertido en órganos de una nación irritada, no puede adelantar hacia parte alguna, nada puede acometer, ni obtener nada, incluso el dinero para subsistir; parece reducido a aguardar pacientemente a ser devorado por el déficit.

De esta forma está casi colmada la medida de las iniquidades y mentiras que se han acumulado durante siglos? Por lo menos, lo está de la miseria! Desde el fondo de los tugurios de esos veinticinco millones, la miseria, levantándose y avanzando, como si su ley estuviera ya lejos, gana el mismo CEil-deBoeuf, de Versalles. En el seno del ciego sufrimiento, la mano del hombre se levanta contra el hombre, no solamente los inferiores contra los superiores, sino éstos mismos, uno contra otro. La nobleza de provincias es hostil a la de la corte, la toga al sable, el hisopo a la pluma. Pero quién no se muestra hostil contra el gobierno del rey? Ni aún el mismo Besenval, en estos tristes días. Para este gobierno, todo hombre, todo cuerpo de hombres, se convertien en otros tantos enemigos; es el centro sobre el que se reúnen y golpean todos los descontentos. Qué es este nuevo movimiento universal, vertiginoso, de instituciones, de cuerpos sociales, de espíritus individuales, que antes caminaban y cooperaban juntos y ahora se hieren y arrastran en general colisión? Hecho inevitable. Es la ruptura de un solecismo político, usado por fin hasta la bancarrota. Y así este pobre Versalles, que es el solecismo principal y central, encuentra sublevado contra él a todos los demás solecismos."[51]

Os enciclopedistas (Diderot, D'Alambert, Montesquieu, Voltaire, Rousseau, entre outros) prepararam o caldo cultural da época. Dele bebeu, conforme confessou posteriormente, Cesar Beccaria Bonesana, o Marquês de Beccaria, nascido em Milão, em 1738, que escreveu *Dei delitti e delle pene*, clássico do surgimento do direito penal científico.

Não expôs o milanês regras técnicas, mas eminentemente políticas, princípios que iriam modificar o direito punitivo.

Precursor de um direito penal sistematizado, Beccaria acabou seus dias no obscurantismo.

Em seguida, novos códigos penais foram providenciados por Catarina II da Rússia (1767) e por José II da Áustria (1785), diminuindo as hipóteses de pena de morte.

Contemporaneamente, John Howard, nascido em 1726, *sheriff* do condado de Bedford em 1773, proclamava a humanização das penas. Foi um filantropo, reformador das prisões que, inclusive, conheceu seus efeitos quando cativo de corsários franceses.

O clima, portanto, era revolucionário em matéria penal, quando o movimento político de 14 de julho de 1789 transformava o poder da monarquia numa assem-

---
[51] CARLYLE, THOMAS. *Historia de la Revolución Francesa*. Buenos Aires: Joaquin Gil, 1946, p. 114-115.

bléia popular de 750 representantes dos diversos lugares da França. Era o povo no Parlamento.

Sem um corpo de leis adaptado ao momento, em 1790 se publica o *Plano de Legislação Criminal*, que Jean Paul Marat havia elaborado, já há algum tempo, em vista de um certame anunciado na *Gazette de Berne*, onde se prometia um prêmio ao elaborador de um plano completo e detalhado de legislação criminal com conteúdo humanista.[52]

No entanto, referido trabalho era mais um tratado de doutrina do que um verdadeiro projeto de lei.

Outras providências foram tomadas de imediato pela Revolução em matéria legislativa criminal, segundo R. Garraud.[53]

---

[52] ASUA, Luis Jimenez de. Op. cit., p. 260-261.

[53] GARRAUD, R. *Compêndio de Direito Criminal*. Lisboa: Livraria Clássica Editora, 1915, p. 49-50.
"A Assemblêa constituinte vota sobre direito criminal quatro leis d'importancia capital: 1º - lei de 8 e 9 de outubro de 1789 que opéra no processo criminal a reforma imediata dos abusos mais graves, mas que não estabelece senão um estado de coisas provisorio; 2º - lei de 16 a 29 de setembro de 1791 que sob o titulo provisório de 'Decreto concernente á policia de segurança, á justiça criminal e ao estabelecimento dos jurados' adapta o processo no que respeita aos delitos mais graves á instituição nova do júri; 3º - a lei de 25 de setembro a 6 de outubro de 1791 que sob o título muito geral de Código Penal estabelece um sistema de incriminação e penalidade no que respeita aos delitos da ordem mais grave; 4º - a lei de 19 e 22 de julho de 1791 que sob a designação de 'Decreto relativo à organisação, duma policia municipal e duma policia correcional' regula a penalidade ao mesmo tempo que a jurisdição e o processo quanto aos delitos d'ordem inferior.
O sistema penal da Assembléia constituinte foi respeitado nas suas linhas principais até 1810; era ainda este sistema que regia a França no momento da promulgação dos nossos codigos, o que não sucede ao sistema do processo que foi completamente modificado pelo Codigo de 3 de brumario do ano IV. Sob o título inexato de 'Codigo dos delitos e das penas' esta lei é quasi inteiramente consagrada ao processo. Ela foi profundamente modificada pela constituição de 22 do primario do ano VIII, e pelas leis de 7 e 18 do pluviose do ano IX.
Este conjunto de disposições legais constitue as fontes do direito criminal durante a epoca intermediaria."

Beccaria, John Howard e Marat não edificaram um sistema novo, limitaram-se a destruir o antigo, denunciando os atentados à liberdade e à dignidade humana. O Código Napoleônico publicado em 1811 não fora uma conquista em matéria penal.
Começa a grande trajetória da pesquisa dogmática a fim de erigir-se um direito penal científico. Asua aponta seus autores:

"Mientras tanto se renuevan las leyes, el Derecho penal se construye por los científicos con acento liberal. Descuellan tres nombres: G. D. Romagnosi (n. 1761, el 8 de junio de 1855), en Italia; Jeremías Bentham (n. 1747, en 1832), en Inglaterra, y Anselmo von Feuerbach (n. el 14 de noviembre de 1775, em 1833), en Alemania. Se inicia así y prospera la escuela del derecho penal liberal, que más tarde había de denominarse clásica. A su impulso construyóse nuestra disciplina y se hicieron ordenados y más benignos los castigos. Sus tesis dominantes del restablecimento del ordem jurídico y de la tutela jurídica señalan una de las etapas evolutivas de este período. El más genuino representante es Francisco Carrara (n. 18 setiembre 1805, em 15 enero 1888), que inspiróse en Carminagni (n. 1768, em 1847), al que siguieron Tolomei, Bucellati, Ellero, Zuppetta, Paoli, Pessina, Brusa, etc. En Alemania, contemporáneo de Feuerbach fue Grolmann, y penalistas del clasicismo hasta 1870: Kleinschrod Klein, J.A. Mittermaier, Wächter, Tittmann, Rosshirt, Wirth, Martin, Bauer, Henke, Jarcke, Heffter, Klenze, Abegg, Marezoll, Luden, Köstlin, Häberlin, E. J. Beker, Geib, Berner, Temme, etcétera. En Francia predomina el eclecticismo con Rossi, Rauter, Bertauld, Le Seyller, Molinier, Boitard, Trebutien, Chauveau y Hélie, Ortolan, Blanche, etc. En 1878 el Derecho penal sufre otro embate revolucionario tan relevante como el de Beccaria: ha nacido la escuela positivista, con su principio de defesa social biológica, fundada por César Lombroso, Enrique Ferri y Rafael Garófalo. Después aparece el positivismo crítico, con Manuel Carnevale y Bernardino Alimenta en Italia y Mauricio Liepmann en Alemania, y la escuela sociológica de política criminal, de Franz von Liszt, que procura actuar la prevención general y la especial con el dualismo de penas y medida de seguridad, que Grispigni ataca por creer que hemos desembocado en una fase de predominio de la prevención especial mediante unidad de sanciones."[54]

Giandomenico Romagnosi, buscando os fundamentos do direito de punir, asseverava:

"Queriendo, pues, reunir las condiciones que son esenciales para realizar la legítima función penal, resulta que la pena debe ser justa en su objeto, necesaria en su fundamento, moderada en su aplicación, prudente en su sistema, y, en cuanto se pueda, cierta en su ejecución.

· 1) Justa en su objeto, vale decir, no castigar sino las acciones y omisiones que violen un claro deber social, o los fundamentos de la seguridad común.

2) Necesaria en su fundamento, esto es, que no se pueda prescindir de ella, por cuanto cualquier otro medio distinto de la pena resultaría nugatorio.

3) Moderada en su aplicación, o sea, que no peque ni por exceso ni por defecto, para no lesionar los derechos del penado ni comprometer la seguridad social.

4) Prudente en su sistema, es decir, no provocar un mal mayor, queriendo alejar uno menor.

5) Cierta, en cuanto sea posible, en su ejecución, es

---

[54] ASUA, Luis Jimenez de. Op cit., p. 265-266.

a saber, no fomentar la esperanza de la impunidad con una negligente vigilancia, con una ciega indulgencia o con un incauto procedimiento."[55]

Francesco Carrara, com os vários volumes de seu *Programma*, aprofundou a pesquisa do crime visto como uma entidade abstrata, encetando a cientifização desse ramo do direito.

A maior pesquisa centrou-se na consolidação dos direitos e garantias individuais previstos na Declaração Universal dos Direitos.

Na Alemanha desponta Feuerbach.[56]

Evoluiu-se de uma teoria psicológica, responsabilização pelo simples vínculo causal entre ação e resultado criminoso, para a teoria normativa de Frank, em que o elemento intelectivo e volitivo são reforçados. O sentimento, a intimidade da vontade passaram a ser valorizadas para a inculpação, por influência também do direito canônico, que assim culpava o *pecador*.

No início do século XX, surgia com Beling a teoria da *tipicidade*, verdadeira especialização do princípio que Feuerbach proclamara do *nullum crimen nulla poena sine lege*. Não basta uma lei anterior para a imputação do fato. É preciso que o fato se ajuste com perfeição dentro dos limites da descrição legal do crime. Aperfeiçoou-se a garantia individual.

---

[55] ROMAGNOSI, Giandomenico. *Génesis del Derecho Penal*. Buenos Aires: Temis Bogotá, 1956, p. 128-129.

[56] LISZT, Franz von. *Tratado de Derecho Penal*. Madrid: Reus S/A, 1926, p. 396-397.
"A los comienzos de este nuevo período aparece P. J. A. Feuerbach (1775-1833). Formado en el espíritu de la filosofia de Kant, con el que somete a prueba crítica las opiniones racionalistas de sus predecesores, oponiendo a las impetuosas exigencias de reforma su formación especialista y su experiencia práctica, llegó a ser, por su Lehrbuch (1801), el fundador de la ciencia penal alemana y por su colaboración en el Código penal bávaro de 1813, el iniciador de la Legislación penal Alemana."

E por aí andavam as pesquisas penais, quando Hans Welzel lança sua teoria finalista. Todo atuar tem um sentido. O crime, então, é o comportamento que deriva de uma decisão de ferir a regra de proibição. Supera-se a polêmica da causalidade encetada pelas teorias da *conditio sine qua non*, da causalidade *próxima* ou *adequada*. Ação é comportamento final, dolo do tipo, vontade dirigida a realizar seus elementos. Se tal conduta não estiver ao abrigo de alguma excludente de antijuridicidade, consumado estará o crime, que é caracterizado por uma *ação antijurídica e típica*.

Talvez tenha sido com Welzel o grande e derradeiro aprofundamento na teoria do crime.

O direito penal, novamente, caiu nas trevas. As penas mostraram-se incongruentes, injustas. O fim da regra não mais se justificava, socialmente.

A prisão, que antes servira apenas para abrigar os acusados com processos pendentes, fora escolhida como a sanção que substituiria a vulgarizada pena de morte. Nos Estados Unidos instituiu-se o sistema progressivo, que buscava a recuperação pela progressão de regimes baseada no mérito do preso.

O tempo mostrou que as prisões são fatores criminógenos, escolas do crime, ensejando a reincidência.

Qual o mérito, então, em trabalhar-se numa dogmática destinada a disciplinar o direito de punir se o exercício do mesmo pela forma como feito não pode encontrar justificativa?

Cada vez mais foi-se conscientizando que a insuportabilidade do crime seria o fundamento ético da pena, mas elastecendo-se o conceito de *insuportabilidade*.

6
O Direito Penal moderno

6.1. Introdução

Já tivemos oportunidade de ver que foi imenso o esforço teórico para construção de uma ciência penal, ou seja, uma sistematização nas regras relativas ao sistema punitivo estatal.

A especialização do regramento sempre teve em vista a limitação do poder do estado, eis que a busca do progresso científico do direito penal se deu a partir da libertação dos cidadãos do jugo absolutista.

O povo tem o direito de punir. O estado representa esse povo e exerce esse direito através da ação penal.

O sistema normativo penal disciplina que normas haverão de ser respeitadas para que o povo possa exercer com justiça o direito de punir, eis que o princípio básico do estado de direito é a liberdade do cidadão.

Suprimir a liberdade de alguém é uma trágica missão do estado. Logo, rígidos são os limites impostos ao exercício desse poder, o que é feito por meio do direito penal e processual penal.

À medida que as prisões foram revelando seu efeito deletério sobre os apenados e, em especial, esgotando-se os espaços, percebeu-se que o direito penal haveria de sofrer uma crítica. Essa visão crítica se concretizou com uma política criminal voltada a indagar sobre o sentido humano e prático da pena, como já se demonstrou no capítulo anterior.

Ainda hoje o direito penal vem sendo influenciado por esse filtro que constitui a política criminal.

Tal realidade é bem nítida quando se fala no crime clássico, entendido este como o conjunto de delitos que tutela os valores básicos do cidadão como previstos nas constituições dos países: vida, integridade corporal, patrimônio, liberdade sexual, intimidade, honra, segurança, fé pública, segurança do estado, etc.

Tudo o que se examinou até aqui teve por finalidade demonstrar a existência de um sistema normativo penal destinado a regular esse âmbito da vida.

No entanto, o fim do século passado começou a mostrar ao mundo que a complexidade das relações sociais e econômicas iniciava um processo de transformação apto a gerar lesões tão ou mais sérias do que aquelas do chamado crime clássico.

Já em 1890 o Congresso dos Estados Unidos da América aprovou a Lei Antitruste Sherman.[57]

---

[57] MOKHIBER, Russel. *Crimes Corporativos: o poder das grandes empresas e o abuso da confiança pública*. São Paulo: Página Aberta Ltda., 1995, p.15.
"Na virada do século, à medida que as empresas se tornavam cada vez mais ricas e poderosas, a legislatura se movimentou para proteger o indivíduo dos abusos empresariais. Em 1890, o Congresso aprovou a Lei Antitruste Sherman, que proibia a monopolização ou tentativas de monopolizar o comércio, tornando ilegal 'qualquer contrato, acerto, ou conspiração para restringir o comércio'. O decreto visava desbancar os criadores do monopólio empresarial que ameaçavam o sistema econômico competitivo. A violação da lei representava uma ofensa criminal, punível com multa não acima de US$ 5 mil, ou um ano de prisão, ou ambos.
"Tanto a Lei Sherman como uma série de leis subseqüentes visando controlar os delitos empresariais eram bem diferentes das leis criminais que governavam a cidadania não corporativa. Num afastamento radical do desenvolvimento histórico da lei criminal, a legislatura deu aos promotores de crime empresarial a opção de procurarem uma injunção civil para implementarem a lei com sanções criminais."

A visão prática e utilitarista do espírito americano reagia contra um vírus que poderia vir a contaminar o sistema capitalista, que ensejou todo o progresso e riqueza da civilização norte-americana.

Na Europa, as preocupações iniciaram na Alemanha, especialmente sob o regime nazista de Hitler. No entanto, somente em 1949 seria editada legislação em matéria econômica com conteúdo penal.[58]

Em 1953 foi realizado um congresso em Roma para análise da conjuntura socioeconômica e seus reflexos no direito.[59]

À medida que as relações econômicas foram-se tornando complexas, ganhando âmbito internacional e explorando tecnologia avançada, maior oportunidade surgiu para o recrudescimento das práticas ilícitas nesse campo de atuação.

Uma realidade é certa: sempre que o sistema deixa de ocupar determinado espaço onde de uma atividade se possa obter lucro, tal espaço logo passa a ser ocupado pela delinqüência.

---

[58] Organização de João Marcello de Araújo Júnior. *Sistema Penal para o Terceiro Milênio (atos do colóquio Marc Ancel)*, artigo de Klaus Tiedemann, *Tendances mondiales dintroduction de sanctions nouvelles pour les crimes en col blanc*, Rio de Janeiro: Revan, 1991, p. 130.

[59] ASUA, Luis Jimenez de. *Tratado de Derecho Penal*. Buenos Aires: Losada S.A., 1964, Tomo I, p. 61.
"Las cuestiones del Derecho penal económico han llegado a adquirir una importancia extrema - acaso por razones circunstanciales -, hasta el punto de que figuró como uno de los más importantes y discutidos asuntos en el VI Congreso internacional de Derecho penal, celebrado en Roma del 27 de septiembre al 3 de octubre de 1953. Fueron muchos los informes presentados por penalistas de distintas nacionalidades (cuyos nombres se han reseñado supra en la bibl. del número presente), y la delegación alemana, tan numerosa, puso grande empeño en que triunfaran las ideas plasmadas en su legislación. En las largas resoluciones aprobadas por la sección que discutió el tema y luego por la Asamblea general, se trata de definir el 'Derecho social-económico', diciendo que sus disposiciones sancionadas forman el 'Derecho penal social-económico' que, 'como el Derecho penal fiscal', constituye 'una parte del Derecho penal especial que posee características particulares de cuya observancia depende su eficacia práctica".

Logo que a realidade econômica, pela prolixidade de seus traços, teve o poder de esconder a ilicitude de determinadas ações, com aumento facilitado dos lucros, iniciou-se a exploração dessa área.

Um direito penal econômico passou a constituir exigência de reação estatal em defesa do cidadão.

Todavia, a Guerra do Vietnã, que despertou tantas reações contrárias nos Estados Unidos da América, veio a causar outro dano social. Os *hippies*, que criaram um movimento de contracultura, foram a coluna de sustentação para a rejeição aos anseios bélicos do governo americano. O jovem negava-se a seguir para um campo de batalha longínquo, desconhecido, sem saber a finalidade de seu sacrifício, ou a ameaça que o sistema alegava frustrar.

No entanto, se o grupo uniu uma energia negativa da depressão psicológica e da dor referente à proximidade da morte, em vista da guerra, acabou por exportar o modo de vida. Os problemas genéricos, que não cabe aqui examinar, inerentes à índole de contestação e inadaptação do adolescente encontraram um paradigma. Tornar-se *hippie* caracterizava ato de coragem e desprendimento, capacidade de enfrentar o sistema, negar-se a praticar o consumismo materialista, descobrir o pacifismo, reencontrar a essência espiritual.

Tal realidade não teria maiores conseqüências sociais se não tivesse sido alimentada por uma substância altamente nociva: o tóxico.

As *viagens* eram necessárias para esquecer a dura realidade, a dor psicológica do desamor.

Alastrou-se o mal pelo mundo.

Se os *hippies* tiveram a imensa virtude de chamar a atenção da humanidade para a essência da vida, legaram a terrível e degradante realidade do consumo internacional de entorpecentes.

6.2. As organizações criminosas

Existe um excelente estudo, de que lançaremos mão, de autoria de Carlos Antonio Guimarães de Sequeira a respeito da evolução das organizações criminosas.

Muito interessante observar que ditos organismos continham-se num campo limitado de atuação, com origens até mesmo estranhas ao crime.

Exatamente após a vulgarização do uso do tóxico, com o lucrativo tráfico internacional, é que se desenvolveram organizações em certos países.

Abriu-se um espaço para atividade ilícita lucrativa e de logo ele foi ocupado. E ocupado, diga-se de passagem, por organizações mais violentas, fundadas em conceitos puramente hedonistas, despreocupadas com os traços românticos da máfia, como alguns códigos de honra (*omertá*, ou lei do silêncio), valorização da família (respeito à mulher alheia, proteção, vida discreta), etc.

A Sicília, ao sul da Itália, foi o berço da máfia.

Refere Carlos Antonio Guimarães de Sequeira:

"Segundo Jay Robert Nash, a origem mais remota da Máfia encontra-se no século IX, quando camponeses buscavam refúgio nas montanhas para escapar de invasores árabes. Nash acrescenta que, ainda na Idade Média, a invasão da Sicília por normandos fez crescer a importância desses refúgios."[60]

A máfia siciliana encontrou um freio na década de 20 com Benito Mussolini, mas voltou a ganhar força com o auxílio prestado aos americanos para a invasão da Itália, durante a 2ª Guerra Mundial.[61]

---

[60] SEQUEIRA, Carlos Antonio Guimarães de. *Crime Organizado: Aspectos Nacionais e Internacionais*. Revista Brasileira de Ciências Criminais, n. 16, São Paulo, p. 270-271, out-dez.1996.

[61] Idem., p. 272-273.

Em Nápoles, fixou-se outra organização denominada *Camorra*, que controla as atividades ilegais na Campania.

Na Calábria, a chamada *NDrangheta*, especializada em seqüestros.

A *Sacra Corona Unita* na Puglia.

A *Sidda* na Catânia.

Importante é ressaltar o caráter quase religioso que envolvia o sistema mafioso, com rituais de iniciação próprios de variadas seitas.[62]

---

[62] PADOVANI, Marcelle, FALCONE, Giovanni. *Cosa Nostra - o Juiz e os "Homens de Honra"*. Rio de Janeiro: Bertrand Brasil S.A, 1993, p. 81-82.
"Pode-se sorrir à idéia de que um criminoso, de coração duro como a pedra, já tendo cometido muitos delitos, empunhe uma imagem religiosa, jure solenemente defender os fracos e não olhar para a mulher dos outros. Pode-se sorrir como se fosse um cerimonial arcaico ou uma trapaçaria. Trata-se, no entanto, de assunto muito sério e que compromete um indivíduo por toda a vida. A entrada para a máfia parece a entrada para o sacerdócio: não se deixa nunca de ser padre. Mafioso, também não.
Quando chega o momento da iniciação, ou os candidatos são conduzidos para uma sala em lugar retirado, na presença do representante da família, dos que assumem cargos e, eventualmente, de simples homens de honra. Freqüentemente, alinham-se os homens de honra de um lado, e os impetrantes do outro. Algumas vezes, os candidatos são isolados num quarto durante horas e fazem-nos sair um após outro. É então que o representante da família anuncia aos futuros homens de honra as regras que regem a organização e afirma, para começar, que o que se denomina máfia chama-se, na realidade, Cosa Nostra. Ele avisa em seguida os recém-chegados de que podem ainda renunciar à filiação e lembra-lhes as obrigações a que se comprometem ao pertencer à organização: não tocar na mulher dos outros homens de honra; não explorar a prostituição; não matar outros homens de honra; evitar qualquer denúncia à polícia; não ter discussões com outros homens de honra; apresentar sempre comportamento correto e sério; guardar silêncio absoluto sobre a Cosa Nostra com estranhos; evitar apresentar-se sozinho a outros homens de honra, sendo o costume que um homem de honra já ligado àqueles que devem entrar em contato o faça, de forma a garantir seu pertencimento à Cosa Nostra, dizendo: 'Este homem é como se fôssemos nós.'
Uma vez explicados esses mandamentos e depois que o impetrante afirmou sua vontade de fazer parte da organização, o representante convida cada candidato a escolher um padrinho entre os homens de honra presentes. Depois tem lugar a cerimônia do juramento. Ela consiste em perguntar a cada um com que mão dispara e em picar-lhe o dedo indicador, fazendo brotar uma gota de sangue com que se mancha, em seguida, uma imagem

A *Cosa Nostra* nos Estados Unidos da América surgiu no século XIX, formada basicamente por italianos, tendo recebido em suas fileiras judeus e irlandeses, e ganhando força quando a 18ª Emenda à Constituição dos Estados Unidos (29-01-1919) instituiu a *lei seca*.[63]

No Japão, havia um grupo denominado, internamente, de *boryokudan*. No exterior, ficou conhecido como *yakuza*.

Também essa organização remonta, em seu histórico, a séculos passados, como demonstra Carlos Antonio G. de Sequeira.[64]

---

sagrada (com muita freqüência é a Nossa Senhora da Anunciação, considerada padroeira da Cosa Nostra e festejada a 25 de março), que é, depois, incendiada; o iniciado, então, evitando apagar o fogo, passa a imagem de uma das mãos para a outra e jura solenemente não trair as regras da Cosa Nostra, não correndo, portanto, o risco de ser queimado, ele também, como a imagem.

No momento em que o indicador do iniciado é picado, o representante recomenda-lhe com ênfase velar para não ser traído, porque se entra na Cosa Nostra pelo sangue e não se sai dela senão pelo sangue."

[63] SEQUEIRA, Carlos Antonio Guimarães de. Op. cit. , p. 277.

[64] Idem, p. 279:
"Do mesmo modo que a Máfia siciliana, as origens das organizações boryokudan perdem-se nos tempos. Segundo o criminólogo Kanehiro Hoshino, do Instituto de Pesquisa Científica da Polícia Nacional do Japão, seus antecessores mais longínquos são os rebeldes machiyakko que enfrentavam senhores feudais no início do século XVII. Esses rebeldes foram derrotados pelo xogunato em 1696, mas lendas que os retratavam como uma espécie de Robin Hood foram mantidas vivas em histórias populares e em peças do teatro kabuki. Ainda na forma de resistência popular aos samurais, que trabalhavam para os senhores feudais, outras pequenas organizações surgiram no século XVIII, estruturadas numa relação que espelhava a da sociedade japonesa, a da ligação pai-filho, oyabunkobun, com o pai - no caso, aqui, o chefe da organização - assumindo o papel de autoridade inconteste.

No século XIX, quando o Japão rompeu com seu sistema feudal (a chamada Restauração Meiji) e se abriu para o mundo moderno, as organizações de yakuzas se cindiram, algumas preferindo a manutenção do xogunato, outras aderindo à volta do poder do imperador. Essa politização do crime permaneceu no *background* das organizações boryokudan até hoje, com sua marcada ideologia nacionalista e xenófoba."

Legitimação do ato de criminalizar

As *tríades* (triângulo: céu, terra e homem) remontam, na China, há mais de dois mil anos, consolidando-se no século XVII.[65]

A utilização de substâncias tóxicas sempre existiu, inclusive entre tribos indígenas, que utilizavam e ainda utilizam pastas elaboradas de raízes e outros produtos em seus rituais.

O ópio era difundido na Ásia. Os ocidentais eram vítimas da morfina e outros alucinógenos ou antidepressivos.

Não havia, porém, uma cultura do consumo da droga. Sob o ponto de vista de uma psicologia social, as tensões dos grupos eram dissolvidas pela utilização de outros expedientes, talvez até mesmo a guerra.

Já se disse que um movimento de contracultura ajudou a vulgarizar o consumo dos entorpecentes.

Essa popularização haveria de operar uma transformação na produção das substâncias, em vista da dificuldade econômica no acesso à droga. Eram caras, com venda sob controle rígido, e apenado o tráfico com extrema severidade em alguns países.

---

[65] SEQUEIRA, Carlos Antonio Guimarães de. Op. cit., p. 280:
"A moderna versão das 'tríades' surge por volta do século XVII como um movimento de resistência aos conquistadores Manchu - num processo que traz semelhanças com os que deram origem à Máfia siciliana ou às boryokudan japonesas. No século XX, apoiaram a revolução republicana de 1911 e passaram a controlar a corrupção governamental. Quando Mao Tsé-Tung assumiu o poder em 1949, com a vitória dos comunistas sobre os nacionalistas (que se refugiaram em Taiwan, até hoje vista pelo governo chinês como uma província rebelde), as 'tríades' passaram a ser perseguidas, particularmente em razão do apoio que as gangues baseadas em Xangai haviam dado ao regime derrotado de Chiang Kai-shek. A perseguição não acabou com suas atividades na China continental, mas levou muitos de seus membros para Hong-Kong - colônia britânica encravada em território chinês, que será devolvida à China Popular em 1997 e cujo governo havia oficialmente banido as 'tríades' desde 1845 - e Taiwan, de onde expandiram mais tarde suas ações a nível global."

A maconha difundiu-se. Entretanto, por se tratar de produto com reduzido efeito entorpecedor, logo perdeu espaço.

Da mesma forma, a heroína teve seu comércio dificultado. É que não podia atender ao mercado consumidor. A papoula tem produção anual, dela retirando-se o suco de que deriva o ópio. Lembra Wálter Fanganiello Maierovitch: *A pasta confeccionada (morfina) perde em substância quando do refino para a produção da droga semissintética: heroína.*[66]

A folha da cocaína renova-se de três a quatro vezes ao ano. Do seu refino deriva uma gama variada de produtos, que vão perdendo em pureza à medida que se misturam produtos químicos.

Todavia, conseguiu-se um certo grau de popularização da droga, sabendo-se que ela é usada entre camadas pobres da população, embora não se desconheça que a aquisição resulte dos crimes patrimoniais consumados.

A nova realidade causou o aparecimento de organizações criminosas na zona montanhosa de países da América Latina, onde a terra é apropriada para o cultivo da coca, e a floresta adequada para esconder as atividades ilícitas.

Os *cartéis colombianos* baseados em cidades como Medelin, Cáli, e outros menores, como por exemplo, o Cartel da Costa, nasceram a partir do *know how* das máfias já existentes, uniram-se a elas, terceirizaram ações como a entrega e a lavagem de dinheiro, ensejando o aparecimento de organizações em outros lugares, como no México. Cooptaram adeptos na América Central e do Sul para viabilizar as rotas de acesso ao grande mercado consumidor que são os Estados Unidos da América e a Europa, onde a riqueza possibilita o consumo.

[66] MAIEROVITCH, Walter Fanganiello. *As Associações Mafiosas*. Revista do Centro de Estudos Jurídicos do CEJ, n. 2, Brasília, p. 105, ago. 1997.

A *máfia nigeriana* nasceu com as drogas, dedicando-se ao tráfico. Utiliza o Brasil como rota para levar a cocaína aos mercados europeu e africano.

A *máfia russa* recrudesceu com a abertura política na União Soviética. Arregimentou veteranos da guerra do Afeganistão, ex-agentes da KGB, entre outros. Dedica-se, entre outras coisas, ao tráfico de heroína pelos Balcãs.

Conhecida a *máfia turca* com o nome de *lobos pardos*.

A máfia albanesa tem ligação com a italiana, agindo no campo das imigrações ilícitas.

Enfim, em cada território livre de regramento, onde o lucro fácil tenha acesso, a ocupação se dá por indivíduos que não respeitam as regras de proibição. Hoje, é o que se nota quanto ao comércio ilícito de cigarros, que é um grande negócio. Na Europa há notícias de que a máfia se dedica a tal comércio, que é lucrativo na medida em que a clandestinidade libera do preço do produto os custos tributários que, em geral, são imensos dado o princípio da seletividade.

As organizações criminosas têm disciplina rigorosa, o que é compreensível. Agindo à sombra do sistema, não podem ser descobertas, exigindo-se o máximo de sigilo nas operações. Disso resulta que não podem expandir-se sob pena de se exporem, o que motiva a corrupção do estado, já que quanto menos vigilância sofrerem mais facilitada sua ação.

O fato também explica por que o crime organizado começa a unir-se no mundo todo, formando um sistema paralelo de relações globais.

Há inúmeros cálculos sobre a quantia que as organizações criminosas movimentam durante o ano: variam de 400 a 1.000 bilhões de dólares.

Imagine-se que a liberalização das economias e a globalização das mesmas, cada vez mais, importa dependência do capital especulativo internacional, que tem aplicação constante (com aproveitamento da diferença dos fusos horários). Isso significa que boa parte desses valores tem origem ilícita e dela os países do mundo dependem para seu progresso.

Outrossim, o crime organizado não mais se dedica a uma atuação reduzida, como décadas atrás (venda de bebidas alcoólicas, prostituição, venda de proteção, jogo, etc.). Agora, está inserido nas atividades econômicas, explorando indústria, comércio e agricultura. Eliminando concorrentes, pela coação ou pela corrupção de administradores, o que é facilitado pela redução do estado que o neoliberalismo impôs. Nessa área, o crime organizado encontra vantagens, segundo se vê em Gianluca Fiorentini e Sam Peltzman.[67]

Essa ação criminosa coletiva não era conhecida pelos clássicos, pelos positivistas, pelos teóricos alemães.

Agora, depara-se o mundo com um arcabouço dogmático totalmente inaptado a uma realidade nova.

6.3. O crime econômico

Com o exagerado consumismo de uma sociedade voltada para o *ter*, usando a linguagem de Erich Fromm, o que ocorreu após as primeiras décadas do século XX, operou-se uma transformação na vida econômica. O ra-

---

[67] FIORENTINI, Gianluca, PELTZMAN, Sam. *The Economics of Organized Crime*. New York: Cambridge University Press, 1996, p. 5-6:
"The advantages arising from centralisation were said to come from different sources: (a) economies of scale in some basic services needed to perform illegal activities; (b) exploitation of monopolistic prices in some markets less open to external competition; (c) internalisation of negative externalities due to oversupply of violence; (d) avoidance of resources dissipation through competitive lobbying and corruption; (e) better management of a portfolio of risky activities; and (f) easier access to national and international financial markets."

cionalismo iluminista gerou uma sociedade industrial, que amenizou o trabalho físico, ensejando o lazer e o consumo pelo acesso facilitado aos bens fabricados.

A amplitude dos mercados forçou uma concentração de capitais, surgindo as grandes empresas: multinacionais, *holdings*, sociedades de capital aberto, etc.

A complexidade das práticas na indústria e no comércio recrudesceu.

Proliferou, então, nesse terreno nebuloso, uma criminalidade que afeta consumidores (monopólios,[68] produção defeituosa que causa perigo, vendas fraudulentas, concorrência desleal), investidores e tomadores de empréstimos (manipulação do sistema financeiro), dano ao poder público (fraudes em licitações, sonegações fiscais), lesões ao meio ambiente, quebra de segredos e sigilos, informática, etc. É uma atividade poluidora da economia legal. O agravamento do problema veio com a globalização de uma economia de índole neoliberal. O controle estatal diminuído abre as veias em especial das economias mais fracas.

Utilizam-se as empresas como meio para a consumação do ilícito, o que faz repensar a máxima *societas delinquere non potest*.

Emergiu um direito penal que responde a essa parcela de ilicitude.[69]

---

[68] JUNIOR, Miguel Reale. *Crime Organizado e Crime Econômico*. Revista Brasileira de Ciências Criminais, n. 13, São Paulo, p. 186-187, jan-mar. 1996.

[69] TIEDEMANN, Klaus. *Poder Económico y Delito*. Barcelona: Ariel S.A., 1985, p. 18-19.
"De lo dicho surge, en primer término, un concepto limitado del Derecho Económico y del Derecho Penal Económico, el cual abarca aquellos sectores del Derecho (Penal) que tutelan primordialmente el bien jurídico constituído por el orden económico estatal en su conjunto y, en consecuencia, el flujo de la economía en su organicidad; en una palabra, la economía nacional. En tanto este orden económico, como valor supraindividual, se halla preponderantemente institucionalizado, ordenado, dirigido y controlado por disposiciones administrativas de política económica, la materia abarcada por la definición es la del 'Derecho (Penal) Económico-Administrativo'."

A criminalidade econômica sente a presença das organizações criminosas, mas em geral os grupos que dominam esse setor do ilícito não têm as características das máfias. São pessoas que se unem com o fim de desenvolver práticas ou utilizam suas empresas com esse fim.

As máfias organizam-se para desenvolver atividades criminosas, as mais variadas. Organismos que vivem do resultado de crimes.

No crime econômico algumas pessoas se unem, ou desenvolvem a ação individualmente, buscando algo definido, sem preocupação com a manutenção da ordem no grupo criado. Como se viu, nas máfias, a manutenção dessa ordem é vital para a sobrevivência da organização, e a clandestinidade constitui sua fonte de energia.

Repise-se que o crime organizado, hoje, infiltrou-se na economia, porque aí são obtidos os lucros significativos.

6.4. Conclusão

Desenha-se, no sistema normativo especialmente romano-germânico, na atualidade, um descompasso com a realidade.

O direito penal teve um tratamento dogmático no momento histórico em que a tutela do indivíduo foi garantida contra a prepotência do estado. Se o direito do trabalho protege o empregado, hipossuficiente na relação com o capital, o direito penal tutela o indivíduo que historicamente esteve subordinado ao poder arbitrário dos soberanos.

Como vimos neste trabalho, antes da fase científica inaugurada pela Escola Clássica, o direito penal constituía um meio de dominação, apresentando apenas alguns traços de garantia àqueles pertencentes à classe dominante. Na época feudal, por exemplo, tem-se notícia de processos com garantia de contraditório e defesa, mas exclusivamente quando réus pessoas pertencentes à nobreza dos feudos.

Se algum regramento tivesse de ser aplicado, lançava-se mão das regras do *jus civile*, que constituía o direito material por excelência. Na inquisição socorriam-se os tribunais de conhecedores do *jus civile* e do direito canônico.

Todo o sistema, portanto, esteve marcadamente endereçado à tutela do indivíduo. Preocupado apenas quanto à figura do criminoso, individualmente, ainda que se pensasse na autoria coletiva (co-autoria).

Lê-se em Russel Mokhiber:

"o professor Christopher Stone, da Faculdade de Direito da Califórnia do Sul, observa que até o século XIX a lei estava prestando mais atenção ao indivíduo e menos aos grupos. Durante esse período, de acordo com Stone, leis, regulamentos e conceitos estavam sendo desenvolvidos para lidar com o que motivava, o que impelia e o que era 'possível, justo e apropriado no caso de seres humanos individualmente'. As empresas não entraram em cena até o final do século XIX, e quando o fizeram, a lei criminal, desenvolvida para trazer justiça ao indivíduo, não estava equipada para resolver a seguinte questão: o que motivava, o que impelia e o que era possível, justo e apropriado no caso das empresas?"[70]

Portanto, quando as sociedades passaram a envolver-se nas atividades criminosas, porque o campo de ação para o desenvolvimento de ações criminosas ganhou outras dimensões, encontrou na dogmática penal

---
[70] MOKHIBER, Russel. Op. cit., p. 14/15.

postulados sacralizados que impediam a punição dessas entidades jurídicas.

Hoje, os indivíduos escondem-se por debaixo dos contratos que criam ficções jurídicas, como sob um manto protetor. A responsabilidade em grupo dilui-se. O poder exercido em vista do crime torna-se difuso. A complexidade das operações colabora como uma densidade geográfica apta para a fuga à incidência da lei penal. As organizações criminosas renovam as técnicas para burlar o sistema. O avanço nas comunicações (internet) desafia um controle efetivo, transcendendo fronteiras e mitigando o conceito de territorialidade da lei. As ações terroristas exigem uma reação unificada dos países.

Enfim, estamos diante de um arcabouço legislativo e dogmático construído em quase dois séculos, num espaço institucional que reclama estabilidade e garantia, que se mostra ineficaz para combater uma criminalidade que modificou seus traços, nos últimos cinqüenta anos.

Hoje, há uma grande preocupação em recuperar o tempo perdido.

O centro das atenções é o tráfico internacional de entorpecentes, que movimenta bilhões de dólares anualmente, injetando tal dinheiro sujo nas economias do mundo, depois de proceder a sua reciclagem.

O neoliberalismo, porém, retarda uma reação mais técnica contra o crime econômico. Apregoa-se que a liberdade de investimentos constitui interesse maior para os estados do que a proteção dos indivíduos afetados pelas práticas ilegais na área econômica.

Organismos econômico-financeiros internacionais, no entanto, manifestam preocupação com a contaminação da economia, porque isso pode gerar uma mudança no centro de poder, tornando-se incontrolável a ação deletéria. Não é possível que pessoas honestas estejam impedidas de dedicar-se a atividades econômicas, encontrando a concorrência desleal nos sonegadores de impostos, manipuladores de preços, falsificadores de produtos, monopolizadores de mercados, etc.

Se não houver um controle estatal (que os neoliberais lutam por ver diminuído), a economia restará regulada pelo mais poderoso, que nem sempre é o mais honesto.

Urge uma retomada da pesquisa dogmática no direito penal.

Têm-se sucedido leis, regulando parcelas dessa nova realidade, nem sempre com a qualidade esperada. Por exemplo: normatizar ações de criminalidade organizada acaba por enfrentar o difícil conceito de crime organizado, cuja descrição não é difícil, porém tem a conceituação obstaculizada.

O direito penal clássico é o direito do indivíduo. O direito penal moderno terá de ir além.

Um novo direito penal deverá enfrentar alguns temas de maneira inovadora.

Winfried Hassemer entende que um combate efetivo a uma nova espécie de criminalidade demandará um

> "veleidoso aumento de los marcos penales, criminalización en ámbitos anteriores a la comisión de hechos penales, nuevos tipos penales, limitación de a) la presunción de inocencia; b) del principio de proporcionalidad y de los derechos fundamentales, como por ejemplo, del derecho a la autodeterminación informativa; c) del domicilio; d) del secreto de las comunicaciones; e) de la propiedad."[71]

Há uma consciência generalizada da doutrina penal no sentido de que mudanças são necessárias. Todavia, a

---
[71] HASSEMER, Winfried. *Límites del Estado de Derecho para el Combate contra la Criminalidad Organizada*. Revista da Fundação Escola Superior do Ministério Público do Distrito Federal e Territórios, n. 11, Brasília, p. 227-235, jan-jun. 1998.

discussão centra-se sobre a necessidade de modificações dogmáticas no âmbito penal, ou na especialização de um direito administrativo penal.

O temor maior diz respeito à eventual mitigação das garantias constitucionais conquistadas com tanto sacrifício. Reporta-se ao assunto o penalista gaúcho Cezar Roberto Bitencourt.[72]

O que mais preocupa, atualmente, como já se referiu, é que a realidade força uma tomada de posição dos órgãos encarregados de realizar o sistema punitivo, acabando-se por institucionalizar uma interpretação e adaptação de vetustos institutos, nem sempre com a melhor técnica.

O professor alemão Winfried Hassemer lembra que *una cultura jurídica se prueba a sí misma a partir de los princípios, los cuales ella nunca dejará que sean lesionados, aún cuando esta lesión prometa la mayor ganancia.*[73]

O perfil de um novo sistema normativo repressivo, em matéria de direito material, passa pelo reexame de alguns postulados e tomada de novas posições.

---

[72] BITENCOURT, Cezar Roberto. *Juizados Especiais Criminais e Alternativas à Pena de Prisão*. Porto Alegre: Livraria do Advogado, 1995, p. 36:
"Nessa linha de construção, começa-se a sustentar, abertamente, a necessidade de uma responsabilidade objetiva, com o abandono efetivo da responsabilidade subjetiva e individual. Esta nova orientação justificar-se-ia pela necessidade de um Direito Penal Funcional reclamado pelas transformações sociais: abandono de garantias dogmáticas e aumento da capacidade funcional do Direito Penal para tratar de complexidades modernas.
Por isso, a política criminal do Direito Penal funcional sustenta, como modernização funcional no combate à 'criminalidade moderna', uma mudança semântico-dogmática: 'perigo' em vez de 'dano'; 'risco' em vez de ofensa efetiva a um bem jurídico; 'abstrato' em vez de concreto; 'tipo aberto' em vez de fechado; 'bem jurídico coletivo' em vez de individual, etc.
O grande argumento para o abandono progressivo do Direito Penal da culpabilidade é que a 'criminalidade moderna', reflexo natural da complexidade social atual, é grande demais para um modesto Direito Penal, limitado a seus dogmas tradicionais. Como refere criticamente Hassemer, 'ou se renova o equipamento, ou se desiste da esperança de incorporar o Direito Penal na orquestra das soluções dos problemas sociais'."

[73] HASSEMER, Winfried. Op. cit., p. 29.

Os principais temas objeto dessa discussão deverão ser a) a territorialidade e um novo tratamento do instituto da extradição; b) a autoria e a imputabilidade da pessoa jurídica; c) uma tipificação cujo resultado seja o perigo abstrato; d) uma visão atualizada da culpabilidade; e) modificações no que diz respeito à pena. As mudanças em matéria processual não serão examinadas, aqui, porque fogem da finalidade da presente pesquisa.

Na atualidade, dois fatos revelam um novo direcionamento em relação à aplicação da lei penal, pelo menos em matéria de tutela dos direitos humanos em nível global: a criação da Corte Internacional de Direito Penal decidida em Roma e o processo de extradição de Augusto Pinochet, o ditador chileno que teve sua extradição pedida pela justiça espanhola.

Entende-se que a lesão aos direitos humanos ofende toda a humanidade. Logo, a jurisdição para julgar os delitos praticados quanto a tais bens jurídicos seria internacional. Logicamente, alguns países reagem a essa orientação, em especial os mais fortes como os Estados Unidos da América, que mantêm uma hegemonia mundial; outros, temerosos de que a fragilidade de sua posição política no cenário internacional venha a torná-los reféns dessa jurisdição, ou seja, pouco poder para impor sua orientação. É fácil uma ingerência no sistema dos países africanos para julgar situações que lá se passam. O mesmo não acontece com a constante lesão aos direitos humanos ocorrida nos Estados Unidos da América e na Alemanha, por exemplo, com a violência racial, uma discriminação indiscutível contra africanos, asiáticos e latinos.

A globalização tornou comum a linguagem do crime, e essa expressão nociva à humanidade necessita de uma reação uniformizada. De nada adiantaria perseguir o crime organizado se alguns estados protegessem os delinqüentes de forma direta ou indireta pela inexistência de sistema repressivo adequado (polícia e Judiciário frágeis).

O conceito de territorialidade da lei deve ser reelaborado, como também o princípio da nacionalidade. O nacionalismo há de ceder ante a necessidade de uma tutela da humanidade contra a macrocriminalidade.

Nesse contexto, impõe-se que o instituto da extradição esteja adequado à nova realidade, tornando-se mais ágil nas hipóteses de punição do grande delito.

Relativamente à autoria, estamos diante de formas de crime revolucionárias: crimes econômicos, meio ambiente, tráfico dos mais diversos, manipulação de dados, informática, etc. Não é o indivíduo que pratica tais delitos, nem pode fazê-lo, em regra.

A pessoa jurídica tem uma vontade que parte de sua direção. Essa vontade constitui o vício censurável. Quando a diretoria de uma sociedade anônima decide por uma ação delituosa, por exemplo em matéria de abuso do poder econômico, é a empresa que age, direciona sua finalidade para o resultado ilícito, essa é a *mens rea*. A pessoa jurídica age finalisticamente e, nessa medida, haverá de responder criminalmente. As políticas da organização revelam uma postura social da entidade jurídica, contrária aos valores acreditados pela comunidade. Daí, a censurabilidade de seu comportamento, a qualidade negativa de sua atividade, que não colabora para o progresso mas em direção contrária ao bem comum. Sem dúvida, esse desvio social da conduta faz com que a pessoa jurídica possa sofrer um julgamento ético-jurídico. Afinal de contas, ela possui atributos públicos na medida em que sua existência está ligada ao comércio, indústria ou serviços postos à disposição dos indivíduos em geral.

Por outro lado, o argumento de que a sociedade não pode sofrer sanção penal é frágil. Hoje, a tendência é restringir o aprisionamento dos condenados. E o que interessa, na pesquisa das alternativas de execução, é atingir o bem jurídico mais valorizado, o que realizará os fins da pena: repressivo e intimidativo. A pena pecuniária é a mais lembrada.

O pagamento de multa, porém, sofre a crítica de que, em geral, atinge valores muito menores do que os lucros obtidos, o que faz concluir, desse modo, que o crime econômico compensa. A utilização de certos produtos poluidores gera imensa economia no processo de fabricação. A multa, dessa maneira, pode não ter significado, no caso.

Para a eventualidade de a multa não poder ser paga, seria cogitável a multa acionária.[74]

Outras penas são viáveis, como a interdição de atividades da empresa exatamente onde desenvolve a ação ilícita. Não se impede o funcionamento da mesma, mas só daquele setor utilizado como instrumento para o crime.

Outra forma de sanção é a publicidade contrária. Sabe-se que são empreendidas quantias significativas em publicidade. A sanção se concretizaria pela obrigação de a empresa promover publicidade dos atos criminosos por ela praticados. Logicamente, o dano à imagem seria um freio considerável para o conteúdo preventivo desse espécie de pena.

Também a obrigação de investir em certos fundos destinados a pesquisas de cunho social. Nos crimes contra a natureza, por exemplo, manter bolsas de estudo

---

[74] MOKHIBER, Russel. Op. cit., p. 38.
"Outra sentença empresarial alternativa é a multa acionária. O professor John Coffee, desanimado com o fracasso de multas pecuniárias para efetivamente punir as transgressões empresariais, sugeriu que as empresas sejam multadas não em dinheiro, mas em ações ordinárias. Sob a proposta de Coffee, a empresa sentenciada seria obrigada a autorizar e emitir um número de ações para o fundo de compensação da vítima no valor de mercado equivalente à multa necessária para dissuadir a atividade ilegal. O fundo então poderia dispor das ações da maneira que lhe desse o maior retorno."

para pesquisa em matéria ambiental. Ou , então, recompor a natureza, plantando, criando animais silvestres, etc.

No Brasil, a Constituição Federal de 1988 deu um passo à frente ao disciplinar no § 5º do artigo 173: *A lei, sem prejuízo da responsabilidade individual dos dirigentes da pessoa jurídica, estabelecerá a responsabilidade desta, sujeitando-a às punições compatíveis com sua natureza, nos atos praticados contra a ordem econômica e financeira e contra a economia popular.*

A Lei nº 9.605, de 13 de fevereiro de 1998, que trata das atividades lesivas ao meio ambiente, prevê a imputabilidade das pessoas jurídicas no artigo 3º: *as pessoas jurídicas serão responsabilizadas administrativa, civil e penalmente conforme o disposto nesta Lei, nos casos em que a infração seja cometida por decisão de seu representante legal ou contratual, ou de seu órgão colegiado, no interesse ou benefício da sua entidade.* As penas para as pessoas jurídicas são pecuniárias ou atingem seu funcionamento. Interessante é a pena de morte à pessoa jurídica, conforme o artigo 24 da lei citada: *a pessoa jurídica, constituída ou utilizada, preponderantemente, com o fim de permitir, facilitar ou ocultar a prática de crime definido nesta Lei terá decretada sua liquidação forçada, seu patrimônio será considerado instrumento do crime e como tal perdido em favor do Fundo Penitenciário Nacional.*

O *perigo abstrato,* por outro lado, tem que ser o resultado na tipificação de diversos crimes, modernamente. Não é possível que se deixe consumar o dano para decidir-se por uma reação. As ações poluidoras são nocivas a uma vítima indeterminada. O mero perigo de que algo possa acontecer já deve constituir crime.

Uma das recomendações do XIII Congresso Internacional da Associação Internacional de Direito Penal sobre "o conceito e os princípios fundamentais do Direito Penal Econômico e da Empresa" celebrado no Cairo em 1984, foi a seguinte:

"9. El empleo de tipos delictivos de peligro abstracto es un medio válido para la lucha contra la delincuencia económica y de la empresa, siempre y cuando la conducta prohibida por el legislador venga especificada con precisión y en tanto la prohibición se refiere directamente a bienes jurídicos claramente determinados. La creación de delitos de peligro abstracto no está justificada cuando obedezca exclusivamente al propósito de facilitar la prueba de los delitos."[75]

No terreno da culpabilidade se encontra o ponto crítico de uma nova dogmática penal, porque até agora manteve seu conceito vinculado a uma decisão individual, um juízo ético com respeito ao posicionamento do indivíduo na sociedade em que está inserido. Perquire-se sobre uma qualidade do comportamento e a aptidão intelectiva de dominar a ação desenvolvida.

A ação final é o procedimento humano que se projeta em direção ao cenário do tipo, realiza-o com consciência.

A normatividade da culpa (Frank) fincou um marco histórico no sentido de robustecer a garantia do indivíduo. Não há crime, não há pena sem culpa. Impossível presumir-se a culpabilidade. Erige-se a presunção de inocência como postulado diante do que ninguém pode ser considerado, para qualquer fim, culpado antes de transitada em julgado sentença penal condenatória.

À medida, porém, que o *modus operandi* do crime se modifica, outras técnicas de visualização da culpa se impõem.

A complexidade das relações é uma realidade inegável. Funciona como um véu para proteger decisões criminalmente relevantes. Viabiliza uma difusão das responsabilidades. Não se sabe de onde partiu a decisão

---

[75] TIEDEMANN, Klaus. Op. cit. (nota 13), p. 184.

para o crime, ou em geral a única coisa que se descobre é a conduta do executor da decisão. Conhecidos os termos *laranja*, *mula* e outros que representam pessoas usadas para o tráfico de drogas, contrabando, lavagem de dinheiro, etc.

Nos crimes econômicos, em regra, a responsabilidade acaba sendo atribuída aos gerentes, que estão quase ao final da ponta da linha administrativa da empresa.

Obviamente, isso acaba por institucionalizar a impunidade do criminoso do colarinho branco, com sérios danos econômico-financeiros, ambientais e morais à sociedade.

A jurisprudência tem aceito presunção relativa de culpa em certos crimes econômicos, como os tributários, por exemplo.

Sendo o procedimento da empresa um reflexo da decisão administrativa de sua direção, presume-se que a ação final criminosa tenha partido dos órgãos diretivos. A falta de recolhimento de imposto de renda retido na fonte, no prazo legal, em princípio, constitui conduta típica atribuível ao administrador da empresa. Logicamente, na instrução do processo poderá comprovar que, eventualmente, aquela foi uma ação isolada de responsabilidade de um empregado de menor importância que pode, até mesmo, ter desviado em proveito próprio o valor.

Fala-se em *domínio do fato* para representar essa consciência da direção em relação ao que se passa nas atividades empresariais.

Há uma inversão do ônus da prova, mas não de forma absoluta. A investigação demonstra que existiu um crime praticado pela empresa. Logo, esta passa a ser imputável. Se a empresa é a cabeça de sua chefia, esta haverá de responder pelo delito. Na defesa, acaso alegar que a responsabilidade é de algum preposto, atrai para si o dever de provar o alegado.

Observe-se que estamos tratando, aqui, de responsabilidade individual do sócio, e não de responsabilidade da pessoa jurídica.

A análise do contexto das atividades desenvolvidas pela empresa pode revelar como reagia a direção ao crime que estava sendo, reiteradamente, consumado. Ou, por outro lado, a reação da direção após a consumação do delito também pode demonstrar que a decisão para a ação final típica partiu da administração da sociedade.

Enfim, ou se modifica o tratamento da culpabilidade ou se torna impunível o grande crime, que demanda ações dependentes de inversões vultosas de capitais que só as pessoas jurídicas possuem.

Mas se por um lado isso é verdade, por outro depara-se com o risco de uma intervenção indevida do direito penal, embaraçando a livre iniciativa, desencorajando a aplicação de capital em atividades produtivas, que passam a ser alvo, às vezes, de uma investigação criminal ideologizada.

Não se há de perder de vista a função subsidiária do direito penal, sua presença no sistema como *ultima ratio*, porque não é o direito penal que fará uma economia sadia, ou que desenvolverá a consciência de conservação dos recursos naturais, ou a saúde do povo ameaçada pelo consumo de drogas.

O tratamento das penas vem sofrendo imensas transformações na segunda metade do século XX.

A falência da pena privativa de liberdade é inquestionável.

Dizia Manoel Pedro Pimentel: *À epidemia do crime sucede-se a epidemia da pena.*[76]

---

[76] PIMENTEL, Manoel Pedro. *Crime e Pena: Problemas Contemporâneos.* Revista de Direito Penal da Faculdade de Direito Cândido Mendes, n. 28, Rio de Janeiro, p. 62, 1980.

Na segunda metade do século XX, o direito penal passou por uma crise ética, uma dúvida sobre a finalidade da pesquisa dogmática destinada a uma finalidade sem congruência representada pela condenação às penas detentivas. Qual o mérito de uma solução teórica que somente resulta num desfecho insólito sob um ponto de vista humanista?

Em verdade, nas últimas décadas, a política criminal tem predominado a pesquisa. É mais importante buscar o sentido social no conteúdo da regra do que o seu ajustamento científico dentro de um sistema teórico.

A *Nova Defesa Social* constituiu um movimento, liderado pelo francês Marc Ancel, que tentou recuperar os direitos fundamentais do cidadão no âmbito penal.

Do mesmo modo, e com maior exagero, os adeptos da *Criminologia Crítica e da Política Penal Alternativa* (Alessandro Baratta) chegavam a pregar o fim das cadeias.

A verdade é que tais movimentos acabaram por motivar uma grande discussão sobre a necessidade de mudança de rumo do direito punitivo do Estado.

Surgiu a necessidade de inovar no terreno da penologia.

Refere Cezar Roberto Bitencourt que a Rússia foi a pioneira em penas alternativas, inaugurando em sua legislação de 1926 a prestação de serviços à comunidade.[77]

---

[77] BITENCOURT, Cezar Roberto. *Limitação de Fim de Semana: Uma Alternativa Inviável no Brasil*. Revista dos Tribunais, n. 693, São Paulo, p. 298-299, jul. 1993. "Assim, uma das primeiras penas alternativas surgiu na Rússia, em 1926, a 'prestação de serviços à comunidade', prevista nos arts. 20 e 30 do CP Soviético. Mais tarde o diploma penal russo (1960) criou a pena de trabalhos correicionais, sem privação de liberdade, que deveria ser cumprido no distrito do domicílio do condenado, sob a vigilância do órgão encarregado da execução da pena, sendo que o tempo correspondente não poderia ser computado para promoções ou férias. Fora da Europa Continental, a Inglaterra introduziu a 'prisão de fim de semana', através do Criminal Justice Act, em 1948, e a Alemanha fez o mesmo com uma lei de 1953, somente para infratores menores. Em 1963 a Bélgica adotou o arresto de fim de semana,

O centro de preocupações criminológicas voltou-se para um novo sistema de penas.

Damásio E. de Jesus informa que as Nações Unidas não estiveram alheias ao problema:

"No 9º Congresso da ONU sobre Prevenção do Crime e Tratamento do Delinqüente, realizado no Cairo (abril/maio de 1995), como nos Congressos anteriores (Gênova, 1955; Londres, 1960; Kioto, 1970; Estocolmo, 1975; Gênova, 1975; Caracas, 1980; Milão, 1985; e Havana, 1990), recomendou-se a utilização da pena detentiva em último caso somente nas hipóteses de crimes graves e de condenados de intensa periculosidade; para outros delitos e criminosos de menor intensidade deliqüencial, medidas e penas alternativas. As Resoluções nº 8 e 10 do 6º Congresso da ONU (Caracas, 1980), em caráter prioritário, encareceram a urgência dessas medidas. E a Resolução nº 1/83 do Conselho Nacional de Política Criminal e Penitenciária recomendou a aplicação daquelas duas Resoluções."[78]

Modernamente, procura-se fazer uma distinção entre criminalidade mínima, média e máxima, sob o ângulo da periculosidade que ela representa. A tendência, como se fez no Brasil, é limitar a prisão à criminalidade máxima cujo convívio social torna-se insuportável.

A substituição da sanção detentiva por outras tem por alvo os criminosos de nível mínimo ou médio.

Procura-se atingir um bem valorizado, sendo sua supressão o conteúdo de sacrifício imposto e que acaba por realizar o sentido preventivo, a coação psicológica.

para penas detentivas inferiores a um mês. Em 1967 o Principado de Mônaco adotou uma forma de 'execução fracionada' da pena privativa de liberdade, um pouco parecida com o arresto de fim de semana, sendo que as frações consistiam em detenções semanais."

[78] JESUS, Damásio Evangelista de. *Lei dos Juizados Especiais Criminais Anotada*. São Paulo: Saraiva, 1997, p. 7.

A multa, que encontra suas raízes nos tempos remotos da *compositio*, que visava a evitar a pena de morte e a supressão do número de guerreiros, sempre constituiu-se numa resposta de eficácia duvidosa. A desigualdade que engendra relega às prisões as pessoas pobres, que afora isso ainda são a clientela das ações policiais. Aqui pode-se incluir a reparação do dano como resposta penal.

A prestação de serviços também é antiga. As galés levavam os criminosos que, com mão-de-obra gratuita, viabilizavam as conquistas territoriais. O serviço forçado também é conhecido.

No entanto, o que na atualidade se concretizou foi a imposição de prestação de serviços à comunidade, sem aquela conotação de peso e dor que quase transformava tal sanção em pena corporal.

As interdições de direito ganharam espaço, limitando-se atividades através das quais se chegou ao crime.

Limitações à liberdade, em finais de semana, ou prisão domiciliar são cogitadas.

Enfim, procura-se descobrir alternativas à prisão, mas que não gerem o sentimento de impunidade.

Em nosso país, a reforma penal introduzida pela Lei nº 7.209, de 11 de julho de 1984, viabilizou a substituição de penas detentivas por restritivas de direito, modificando-se o artigo 43 do Código Penal. O requisito objetivo era a natureza do crime, em primeiro lugar, ou seja, aplicável a substituição em qualquer crime culposo, e nos dolosos se a pena fosse inferior a um ano. Além disso, a inexistência de reincidência. Quanto aos requisitos subjetivos, a culpabilidade, antecedentes, conduta social, personalidade, motivos e circunstâncias que podem indicar a insuficiência da resposta penal em substituição.

O sistema normativo brasileiro, numa linha de política criminal alternativa, teve o aporte da Lei nº 9.099, de 26 de setembro de 1995, que dispôs sobre Juizados Especiais Criminais. No artigo 61, essa legislação alinhou entre as infrações penais de menor potencial ofensivo as contravenções e os crimes com pena máxima abstrata inferior a um ano, admitindo para o caso o instituto da transação. O artigo 89, por sua vez, previu a suspensão do processo nas hipóteses de pena mínima igual ou inferior a um ano, além de requisitos subjetivos.

O caminho, portanto, estava definido: procuravam-se evitar as prisões e os processos de menor interesse à sociedade, detentora do direito de punir.

As penas alternativas foram prestigiadas, inclusive com uma certa dose de criatividade dos magistrados, que impunham prestação de cestas básicas a entidades de caridade, doação de material a hospitais públicos, etc.

Isso fortaleceu a convicção do legislador brasileiro de que deveria progredir nesse terreno.

Editou-se, então, a Lei nº 9.714, de 25 de novembro de 1998, que alterou os artigos 43 e seguintes do Código Penal, sendo criadas novas alternativas à prisão: prestação pecuniária, perda de bens e valores e prestação de serviços a entidades públicas. O requisito quantitativo da pena modificou-se: a sanção aplicada não pode ser superior a quatro anos (solução que já constara da Lei nº 9.605/98 que regulou a ações lesivas ao meio ambiente), sendo que o delito doloso não pode ter sido praticado com violência física ou moral. No que se refere ao crime culposo, manteve-se a não-limitação temporal para gozo do direito à substituição.

Foram vetados dispositivos da Lei nº 9.714/98, que dispunham sobre o recolhimento domiciliar e a advertência (pena inferior a seis meses).

De todas as penas alternativas, a que se tem mostrado mais eficaz é a prestação de serviços à comunidade. Os juizados de execuções têm firmado convênios com entidades assistenciais, colocando tal mão-de-obra.

Nem sempre, porém, com sucesso, o que faz sugerir uma providência normativa e administrativa no sentido de regulamentar a execução dessa espécie de sanção.

O século XX mostrou ao mundo uma nova espécie de criminalidade, sem as conotações individuais do crime clássico, que merece uma reformulação dogmática em matéria penal.

Sobretudo essa nova expressão de delinqüência impõe modificações nas formas de execução das penas.

A imputabilidade das pessoas jurídicas foi admitida nos crimes ambientais, de acordo com o artigo 3º da Lei nº 9.605, de 13 de fevereiro de 1998. Esta lei criara a prestação pecuniária e o recolhimento domiciliar, em relação ao qual não houve veto presidencial. Instituiu, outrossim, a pena restritiva de suspensão parcial ou total de atividades.

O artigo 21 da Lei nº 9.605/98 estabeleceu as penas para as pessoas jurídicas: multa, restritivas de direitos e prestação de serviços à comunidade.

Em matéria de criminalidade econômica, entretanto, há muito a avançar na legislação penal e, aí, outras penas alternativas à prisão para criminosos pessoas físicas poderão ser cogitadas, tais como a interdição de estabelecimento ou da parcela do mesmo utilizada ilicitamente. Para essa criminalidade, incluídas as pessoas jurídicas, é possível pensar-se em multa acionária para o caso de inadimplência. Ou de propaganda contrária, em que se divulguem as atividades delitivas com a publicação da sentença.

Como sistema, a prisão é uma instituição quase falida. Sua manutenção somente se justifica diante da impossibilidade do convívio social de criminosos de alta periculosidade.

O alto custo de manutenção dos presídios afeta um estado que tende a ser mínimo, vivendo às voltas com um déficit público perene. Prédios imensos demandam vultosas quantias para construção e conservação, um pessoal especializado para guarda, controle e reeducação dos presos. Segundo dados do Ministério da Justiça, o custo médio anual de um preso, no Brasil, em 1998, chega a R$ 4.980,00.

Difícil imaginar-se um gasto público nesse setor, quando se encontram sucateados o ensino, a rede hospitalar e ambulatorial, a segurança da sociedade, enfim.

Inexorável a evolução do direito penal no sentido de relegar a pena privativa de liberdade, cada vez mais, a crimes que revelem extremada periculosidade.

Essa tendência, todavia, ainda encontra resistência na consciência popular que somente acredita na efetividade da regra penal quando vê o criminoso na cadeia. Agravada, ademais, por uma parcela da imprensa, que tem no sensacionalismo uma fonte de lucro, e que estimula os movimentos da *lei e ordem*, moderna e mais suave versão do *talião*.

7
Conclusão

A evolução histórica examinada permite que se extraiam algumas conclusões: 1ª) a excepcionalidade do caráter sancionador do direito penal; 2ª) a utilização do direito penal como instrumento de manutenção de poder; 3ª) a transformação operada pela criminalidade moderna.

A primeira conclusão não é novidade.

Todo o sistema de regulação de comportamentos se fundamenta em regras de conteúdo sancionatório diverso.

A harmonia das relações depende do respeito aos valores eleitos pela comunidade.

Na escala de gravosidade do conteúdo sancionatório das normas, a que primeiro se encontra é a regra ética. A resposta ao infrator é o descrédito moral, que atinge o sentimento pessoal, a imagem, o equilíbrio emocional.

Infringir a ética é perder a credibilidade, o apoio da sociedade, marginalizar-se.

Obviamente, que a eficácia dessa espécie de regra, o nível de contenção que implica não é suficiente para apaziguar as relações sociais.

Toda a busca de satisfação das necessidades individuais encontra um limite. Em muitos casos o limite da imposição moral não basta para conter a decisão para satisfação da necessidade.

Nesse caso, a segunda regra passa a ser a norma jurídica, com natureza meramente repositiva, ou seja, buscando uma *restitutio in integrum*, repondo as coisas no estado anterior.

Dita regra é dotada de coercibilidade, representada esta pelo poder de estado que garante sua aplicação e execução. Trata-se da norma civil em sentido amplo.

Todavia, o sistema de proibição ainda encontra resistência, sendo indispensável uma reação do poder público com sanção maior. Aí se encontra a norma penal.

Atente-se para a distinção feita pelo mestre argentino Sebastian Soler:

"meu interesse, aqui, é que não façamos confusão: o direito penal é a ciência que se ocupa das normas dotadas de sanções retributivas. As medidas de segurança não formam parte da definição do direito penal. Com esta idéia, respondemos, com precisão, a certa perguntas: É Direito Penal o Direito Penal Disciplinar? Sim: sempre que exista uma norma que imponha um *plus* sobre a reposição ao *stato quo ante*, essa norma é penal. É Direito Penal a norma processual que além de uma nulidade impõe um arresto ao transgressor? Sim: é Direito Penal. É Direito Penal o chamado Direito Penal Administrativo? Sim: é Direito Penal. Sempre que além de uma reposição, do pagamento do imposto devido, haja uma sanção adicional que importe em *plus*, isso é direito penal. Essa resposta, aparentemente trivial, tem muita importância, porque tudo que é direito penal, tem que ajustar-se aos princípios de garantia e de respeito à dignidade humana, que é uma das conquistas mais importantes da cultura ocidental..."[79]

---

[79] SOLER, Sebastian. *Conceito e Objeto do Direito Penal*. Revista de Direito Penal da Faculdade Cândido Mendes, Rio de Janeiro: Borsoi, n. 4, p. 39, out-dez. 1991.

O caráter sancionador do direito penal faz com que tenha um caráter de excepcionalidade.

As constituições dos estados modernos têm na liberdade seu postulado fundamental. Suprimi-la, por qualquer modo, constitui a mais delicada intervenção do sistema na vida dos indivíduos. Logo, só se justifica em hipóteses extremas, como meio para coibir atos que comprometem, de forma séria e efetiva, o pacto social.

O direito penal é a *ultima ratio*, não pode ser utilizado com efeito pedagógico, porque ninguém nasceu predestinado a servir de exemplo num cárcere.

A reação extremada do estado desequilibra as relações, intimida, arrefece o ânimo social, encolhe o progresso em todos os ângulos. Leis draconianas têm o mesmo efeito delério do crime, na medida em que quebram a credibilidade no poder e atingem, de maneira injustificada, bens jurídicos que não deveriam estar submetidos ao sacrifício da pena.

A segunda conclusão diz respeito à manipulação das normas penais com vistas à consolidação do poder dominante.

O exemplos históricos disso são inúmeros, mas ressalta a mitigação do princípio da legalidade, com permissão da analogia, nos períodos nazista e comunista, respectivamente na Alemanha e Rússia.

Como vimos, a Inquisição constituiu um domínio da igreja católica, que usou do poder punitivo para intimidar e fazer prevalecer o seu credo.

Hoje em dia, estamos diante de práticas intimidatórias, com apoio em leis penais criadas com o fim de atender a interesses meramente políticos de linhas administrativas de governos provisórios. Isso é o que acontece em países culturalmente mais vulneráveis, como o Brasil e tantos outros de terceiro mundo, em que cada governo procura marcar seu perfil administrativo adaptando todo o sistema normativo aos interesses técnicos do momento.

E isso mais avulta em matéria administrativa e fiscal. O enxugamento do estado, sob a doutrina neoliberal, inviabiliza uma ação eficaz para a garantia do acatamento à lei. Para compensar a perda de poder fiscalizatório, intimida-se com a norma penal. O que parece mais evidente, nesse sentido, é a incriminação na omissão de recolhimento de tributos descontados na fonte, na forma de crime omissivo próprio. Porque não se perquire, na espécie, o ânimo de fraudar e de aproveitar dos valores retidos, mas simplesmente a omissão do cumprimento de um dever tributário.

Sempre que a norma penal caracterizar um excesso na resposta estatal ao crime, ou revelar a intenção de sua utilização com a finalidade de consolidar o poder, independentemente de tutelar o interesse do povo, deixa de ter legitimidade.

Quando isso acontece? A história mostrou como o direito penal se comportou como reação contra a criminalidade, com a autenticidade desejável, ou seja, o sentido do caráter de *ultima ratio*, que emerge da necessidade de socorro à norma retributiva diante da insuportabilidade do crime. Fora disso, a reação do poder será ilegítima, eliminando-se a feição apaziguadora do direito penal.

Ferindo a substância de um sistema jurídico, tal espécie de norma, pela dimensão do vício de que está contaminada, não pode ter sua eficácia garantida.

O mundo moderno revela uma nova face da criminalidade, como já tivemos oportunidade de observar.

Isso leva ao redimensionamento do direito criminal, renovando-se e adaptando-se institutos de direito material e processual.

Em verdade, é preciso ter atenção para o fato de que a delinqüência está diversificada, merecendo respostas peculiares.

Observa Jean de Maillard:
"Hoje, tornou-se necessário descrever os efeitos da criminalização, antes de mais, em termos de universalização. Isto significa que o crime se infiltrou no conjunto das engrenagens da sociedade ao ponto de aí se tornar um dado permanente, um elemento necessário à compreensão das relações económicas, políticas e sociais, mesmo normalmente alheias ao fenómeno criminal: o crime insinuou-se em todas as actividades, em todos os mecanismos sociais. Até esta reorganização, os 'mercados' criminais evoluíam cada um na sua esfera e não se encontravam senão episódica ou marginalmente. Esta noção de mercado criminal, ignorada pela criminologia tradicional, engloba simultaneamente comportamentos sociológicos e domínios de actividade económica criminosa. No degrau mais baixo, encontramos o mercado da 'delinquência de inadaptação': este engloba a inapropriadamente chamada 'pequena e média delinquência', na verdade a delinquência de rua, aquela que se dedica massivamente aos atentados à propriedade (furtos de uso de veículos, furtos de mercadorias em automóveis, furtos em lojas, furtos com uso de violência, furtos por arrombamento, certos assaltos à mão armada, etc.) e doravante às infrações na área dos estupefacientes (consumo, venda e tráfico).
Acima, e porque aí a actividade criminosa é já, de certa forma, um meio de integração e de ascensão sociais, prospera a 'delinquência de adaptação', que vai dos membros do 'meio' aos dos grupos mafiosos. Por ser, a este nível, colectiva e organizada, a delinquência torna-se aqui um meio de enriquecimento e de promoção social, projecto fora dos horizontes do delinquente inadaptado da categoria precedente.

Enfim, a 'delinquência de sobreadaptação', que coroa as precedentes, corresponde à tradicional delinquência de colarinho branco. É a dos financeiros, dos directores de empresa, dos políticos, que utilizam a sua situação privilegiada nas instâncias económicas e políticas - dito de outra forma, a sua sobreadaptação social - para cometer actos ilícitos. A este nível, não falta aos criminosos nem riqueza nem poder, pelo contrário, é a facilidade de aceder a eles, devido à sua posição social, que os conduz à utilização desses recursos postos ao serviço de actividades ilegais."[80]

A revolução dos dogmas num direito fechado como o direito penal pode ter um efeito devastador aos direitos humanos. Por isso a pesquisa, nessa área, deveria merecer um extremo cuidado.

A pressão da macrocriminalidade poderá causar uma reação desproporcional e perigosa.

A legitimação das soluções normativas em tal campo há de ser observada a fim de que não se rompa o contrato social a pretexto de protegê-lo.

O presente trabalho visa a chamar atenção para a configuração ontológica da norma penal.

É necessário um novo direito penal? Sim, é necessário. Mas o preço dessa luta contra a alta danosidade da macrocriminalidade (criminalidade de sobreadaptação) não pode ser a renúncia às garantias de liberdade do cidadão.

---

[80] MAILLARD, Jean de. *Crimes e Leis*. Lisboa: Instituto Piaget, 1994, p. 32/34.

Bibliografia

ADEODATO, João Maurício. *Ética, Jusnaturalismo e Positivismo no Direito*. Anuário do Mestrado em Direito da Faculdade de Direito de Pernambuco, n. 7, p. 205-206, 1995.

ALTAVILA, Jayme de. *Origem dos Direitos dos Povos*. São Paulo: Ícone, 1997.

ALVAREZ, Ricardo Carlos María. *Sistema Penal: Del Naturalismo a La Renormatización*. Revista do Instituto Brasileiro de Ciências Criminais, n. 7, São Paulo, p. 413, jul-set. 1994.

ASHTON, Peter Walter. *Principais Teorias de Direito Penal, seus Proponentes e seu Desenvolvimento da Alemanha*. Revista dos Tribunais, n. 42, p. 449-450, ago.1997.

ASUA, Luis Jimenez de. *Tratado de Derecho Penal*. Buenos Aires: Losada S.A., Tomo I, 1964.

BARRETO, João de Deus Lacerda Menna. *Lei de Tóxicos*. Rio de Janeiro: Freitas Bastos, 1996.

BECCARIA, Cesare (1738-1794). Tradução: J. Cretella Júnior. *Dos Delitos e das Penas*. São Paulo: Edipro, 1993.

BERDIAEFF, Nicolás. *El Sentido de la Historia: Ensayo Filosófico Sobre los Destinos de la Humanidad*. Barcelona: Analuce, 1943.

BITENCOURT, Cezar Roberto. *Juizados Especiais Criminais e Alternativas à Pena de Prisão*. Porto Alegre: Livraria do Advogado, 1995.

——. *Limitação de Fim de Semana: Uma Alternativa Inviável no Brasil*. Revista dos Tribunais, n. 693, São Paulo, p. 298-299, jul. 1993.

BRASIL. Supremo Tribunal Federal. Crime de quadrilha ou bando - interpretação dos artigos 8º e 10 da Lei nº 8.072, de 25 de julho de 1990. *Habeas Corpus* nº 68793-8/RJ. Paulo César Ferreira da Rocha, João Familiar Filho e Tribunal de Alçada do Estado do Rio de Janeiro. Relator: Ministro Moreira Alves. 10 de março de 1992. In: Serviço de Jurisprudência, Brasília, Ementário nº 1872-2, DJ 27.06.97, p. 30287.

CARLYLE, THOMAS. *Historia de la Revolución Francesa*. Buenos Aires: Joaquin Gil, 1946.

CARVALHO, Ivan Lira de. *A atividade policial em face da lei de combate ao crime organizado*. Revista Trimestral de Jurisprudência dos Estados, n. 153, São Paulo, p. 81-92, out. 1996.

CERVINI, Raul. *A Cifra Negra da Criminalidade Oculta*. Revista dos Tribunais, n. 678, São Paulo, p. 291-300, abr. 1992.

Colóquio Internacional Sistema Penal Para o Terceiro Milênio (1990: Ilha de Itacuruça). *Sistema Penal para o Terceiro Milênio: atos do colóquio Marc Ancel*, artigo de Klaus Tiedemann, *Tendances mondiales dintroduction de sanctions nouvelles pour les crimes en col blanc*, Rio de Janeiro: Revan, 1991.

CONDE, Francisco Muñoz. *Teoria Geral do Delito*. Porto Alegre: Sergio Antonio Fabris, 1988.

DAVID, René. *Os Grandes Sistemas do Direito Contemporâneo*. São Paulo: Meridiano, 1972.

DURANT, Will. *A Idade da Fé*. Rio de Janeiro: Record, 1950, v. IV, p. 38.

FIORENTINI, Gianluca, PELTZMAN, Sam. *The Economics of Organized Crime*. New York: Cambridge University Press, 1996.

GARRAUD, R. *Compêndio de Direito Criminal*. Lisboa: Livraria Clássica Editora, 1915.

GIORDANI, Mário Curtis. *Direito Penal Romano*. Rio de Janeiro: Lumen Juris, 1997.

GÓES, Silvana Batini César, NASCIMENTO, Rogério Soares do. *A investigação do crime organizado no cenário da comunicação em redes informatizadas*. Revista da Procuradoria-Geral da República, n. 8, São Paulo, p. 153-168, jan-jun. 1996.

GOMES, Luiz Flávio. *Crime organizado: enfoque criminológico, jurídico e político-criminal*. São Paulo: Revista dos Tribunais, 1997.

GONZAGA, João Bernardino. *A Inquisição em seu Mundo*. São Paulo: Saraiva, 1994.

HANDLER, Edmundo S. *Una Aproximación al Tema de los Delitos Economicos*. Revista Brasileira de Ciências Criminais, n. 13, São Paulo, p. 33, jan-mar 1981.

HASSEMER, Winfried. *Límites del Estado de Derecho para el Combate contra la Criminalidad Organizada*, Revista da Fundação Escola Superior do Ministério Público do Distrito Federal e Territórios, n. 11, Brasília, p. 227-235, jan-jun. 1998.

HUCK, Hermes Marcelo. *Evasão e Elisão: Rotas Nacionais e Internacionais*. São Paulo: Saraiva, 1997.

JESUS, Damásio Evangelista de. *Lei dos Juizados Especiais Criminais Anotada*. São Paulo: Saraiva, 1997.

LISZT, Franz von. *Tratado de Derecho Penal*. Madrid: Reus S/A, 1926.

MACEDO, Gilberto de. *Crime, Sociedade, Cultura*. Revista de Direito Penal da Faculdade de Cândido Mendes, Rio de Janeiro: ed. Borsoi, n. 6, p. 95-107, abr-jun. 1972.

MAIEROVITCH, Walter Fanganiello. *As Associações Mafiosas*. Revista do Centro de Estudos Jurídicos do CEJ, n. 2, Brasília, p. 105, ago. 1997.

MAILLARD, Jean de. *Crimes e Leis*. Lisboa: Instituto Piaget, 1994.

MOKHIBER, Russel. *Crimes Corporativos: o poder das grandes empresas e o abuso da confiança pública*. São Paulo: Página Aberta Ltda, 1995.

MOLLAT, Michel. *Os Pobres na Idade Média*. Rio de Janeiro: Campus, 1989.

NOGUEIRA, Carlos Frederico Coelho. *A lei da "caixa preta"*. Revista Justitia, n. 57 (172), São Paulo, p. 11-21, out-dez. 1995.

PADOVANI, Marcelle, FALCONE, Giovanni. *Cosa Nostra - o Juiz e os "Homens de Honra"*. Rio de Janeiro: Bertrand Brasil S.A, 1993.

PIMENTEL, Manoel Pedro. *Crime e Pena: Problemas Contemporâneos*. Revista de Direito Penal da Faculdade de Direito Cândido Mendes, n. 28, Rio de Janeiro, p. 62, 1980.

———. *A Sociedade Criminógena*. Revista de Direito Penal do Instituto de Ciências Penais do Rio de janeiro, Rio de Janeiro: Forense, n. 31, p. 87-96, jun. 1981.

RAMIREZ, Juan Bustos. *Política Criminal e Injusto*. Revista de Direito Penal da Faculdade de Direito Cândido Mendes, Rio de Janeiro: Forense, n. 30, p. 38, jul-dez. 1980.

REALE JÚNIOR, Miguel. *Crime Organizado e Crime Econômico*. Revista Brasileira de Ciências Criminais, n. 13, São Paulo, p. 182/190, jan-mar. 1996.

ROMAGNOSI, Giandomenico. *Génesis del Derecho Penal*. Buenos Aires: Temis Bogotá, 1956.

ROXIN, Claus. *Problemas Fundamentais de Direito Penal*. Lisboa: Vega, 1986.

SEQUEIRA, Carlos Antonio Guimarães de. *Crime Organizado: Aspectos Nacionais e Internacionais*. Revista Brasileira de Ciências Criminais, n. 16, São Paulo, p. 260-290, out-dez.1996.

SILVA JÚNIOR, Walter Nunes da. *Crime organizado: a nova lei*. Revista Justitia, n. 57 (1172), São Paulo, p. 22-39, out-dez. 1995.

SILVA, Rubem Fonseca e, WILLIAMS, Robert E. *Tratados dos Paraísos Fiscais*. São Paulo: Observador Legal, 1998.

SOLER, Sebastian. *Derecho Penal Argentino*. Buenos Aires: La Ley, 1945.

——. *Conceito e Objeto do Direito Penal*. Rev. de Direito Penal da Faculdade de Direito Cândido Mendes, Rio de Janeiro: Borsoi, n. 4, p. 30-40, out-dez. 1991.

TIEDEMANN, Klaus. *Poder Económico y Delito*. Barcelona: Ariel, 1985.

Impressão:
Editora Evangraf
Rua Waldomiro Schapke,77-P. Alegre, RS
Fones: (51) 336-0422 e 336-2466